Sebastian Urbanski
mit Marion Appelt
und Bettina Urbanski

AM
LIEBSTEN
BIN ICH
HAMLET

W0048815

Mit dem
Downsyndrom
mitten im Leben

❊ | FISCHER

Originalausgabe

Erschienen bei FISCHER Taschenbuch
Frankfurt am Main, April 2015

© S. Fischer Verlag GmbH, Frankfurt am Main 2015

Satz: Fotosatz Amann, Memmingen
Druck und Bindung: CPI books GmbH, Leck
Printed in Germany
ISBN 978-3-596-03165-8

Für meine Familie
und meine Freunde

INHALT

VORWORT

Wenn ich auf die Höhepunkte meines bisherigen Lebens zurückblicke, bestehen diese nicht aus Besitz und beruflichem Erfolg, sondern aus intensiven Begegnungen mit einzigartigen Menschen. Begegnungen, an denen ich wachsen konnte. Während der Dreharbeiten zu meiner ARD-Reihe *Zeig mir Deine Welt* hatte ich die einmalige Chance, gleich sechs ganz wunderbaren Menschen zu begegnen. Einer von ihnen ist Sebastian. Sebastian, der Schauspieler, Sebastian, der Romantiker, Sebastian, der selbständige junge Mann mit klaren Vorstellungen und einer eigenen Meinung, Sebastian, der das Downsyndrom hat.

»Wir sind, verdammt nochmal, alle Menschen«, hat er mal in einer Pressekonferenz gesagt, und er hat »verdammt nochmal« recht damit. Es gibt nicht das Downsyndrom, sondern nur ganz wunderbare Menschen mit der gleichen Behinderung.

Man sagt ja: »Es ist nicht der glücklich, der anderen so vorkommt, sondern der, der sich selbst dafür hält.« Sebastian hat mir das Gefühl vermittelt, dass er glücklich ist, und das wird bei Ihnen sicher nicht anders sein, wenn Sie das Buch gelesen haben.

Ihr Kai Pflaume

ME TOO

Sag mal, was machst du eigentlich bei der Berliner Synchron?«, fragte mich der freundliche, etwas wortkarge Herr Anfang fünfzig. Es war immer derselbe Taxifahrer, der mich morgens um kurz vor acht bei meinen Eltern abholte, um mich ins Studio zu bringen. Wie gewohnt hatte ich meinen Platz hinter dem Beifahrersitz eingenommen. In der Nacht vorher hatte es geregnet, und der Vorgarten meiner Eltern duftete nach feuchter Erde.

»Gehst du da zur Werkstatt?«, hakte er nach, während wir am Pastor-Niemöller-Platz auf Grün warteten, um rechts in die Grabbeallee abzubiegen.

»Nein, ich spreche die Hauptrolle in einem Kinofilm.« Im Rückspiegel sah ich, wie der Taxifahrer kurz blinzelte.

»Wie, Hauptrolle? In einem Kinofilm?«, seine Stimme klang ungläubig.

»Ja, in einem spanischen Film. Er heißt *Me too* und hat bald am Ku'damm Premiere.«

Den Rest der Fahrt sagte er nichts mehr, und ich naschte ungestört etwas Schokolade, die ich mir zur Nervenstärkung in meinen Rucksack gepackt hatte. Außerdem noch Wasser und Brause, damit ich über den Tag genug Energie hatte. Denn Synchronarbeit kann trotz guter Vorbereitung wahnsinnig anstrengend sein.

Me too – Wer will schon normal sein? erzählt die Geschichte von Daniel, einem 34-jährigen Mann, der wie ich das Downsyndrom hat. Angelehnt ist die Figur an Pablo Pineda, einen spanischen Lehrer und Schauspieler. Er hat als erster Europäer mit Trisomie 21 einen Universitätsabschluss erlangt. Im Film werden Vorurteile und Verhaltensweisen von sogenannten normalen Menschen und solchen mit Behinderung ordentlich durchgerüttelt: Als Daniel nach seinem Studium, das er sogar mit Auszeichnung abgeschlossen hat, einen Job antritt, begegnen ihm sein Arbeits- und sein privates Umfeld sehr skeptisch. Er muss sich erst beweisen. *Me too* ist aber auch eine sehr schöne Liebesgeschichte. Denn Daniel freundet sich mit Laura an, einer seiner Kolleginnen. Sie hat es noch nie leicht gehabt und eckt oft an. Die Freundschaft der beiden stößt auf Ablehnung, aber das schweißt sie immer enger zusammen. Im Laufe des Films verlieben sie sich ineinander. Sie sind selber davon überrascht, und vor allem Daniels Mutter ist dagegen. Er und Laura verbringen am Ende eine Nacht miteinander. Leider werden sie kein Paar.

Pablo Pineda kannte ich schon vorher aus den Medien. Als der Film in Spanien anlief und mehrere Preise bekam, wurde viel darüber berichtet. Meine Mutti hat mir damals alle Informationen über Pablo und den Film zusammengesucht und zum Lesen gegeben. Das, was er geschafft hat, verschlug mir die Sprache. Er beeindruckte mich sehr. Darum fühlte ich mich geehrt, als ich gefragt wurde, ob ich ihm für die deutsche Fassung von *Me too* meine Stimme leihen wolle. Erfahrung in dem Bereich hatte ich bereits. 2009 synchronisierte ich zusammen mit meiner Kollegin Juliana Götze – die wie ich das Downsyndrom hat und mit mir im Berliner Theater RambaZamba auf der Bühne steht – den amerikanischen Dokumentarfilm *Monika und David – Eine Liebe ohne Wenn und Aber*. Darin geht es um ein Pärchen mit Downsyndrom, das auf eigenen Füßen stehen will und heiratet.

Nun also sollte ich die Hauptrolle in *Me too* sprechen. Der Tag im Tonstudio begann immer mit einem gemeinsamen Frühstück in der Kantine. Dabei waren der Aufnahmeleiter, der Tonmeister und ein Assistent. Spätestens um fünf nach neun standen Holger Wittekindt, der zuständige Synchronregisseur, und ich im Synchronatelier. Es ist etwa vier, fünf Meter hoch und ca. sechs mal sechs Meter groß. Der Raum hat kein Fenster, aber eine Glasscheibe. Dahinter saß der Tonmeister im Regieraum. Vor ihm stand ein Pult mit Reglern für Lautstärke, Bässe, Höhen und Tiefen.

Im Studio war es dunkel. In der Mitte schwebte ein Monitor, auf dem der Film lief, den wir synchronisierten. Darunter befand sich ein Pult, das aussah wie ein Notenständer. Darauf lag das Textbuch. Die einzige

Lichtquelle war eine kleine Lampe. Zwischen Monitor und Lampe hing ein Mikro von der Decke, in das ich sprechen musste. Die dunklen Wände bestanden aus geschäumten Modulen für eine »trockene« Atmosphäre, wie Holger mir erklärt hatte. Kein Schall durfte während der Aufnahme reflektiert werden. In der einen Ecke des Ateliers stand noch eine Leiter für Kinder, da sie sonst nicht nah genug ans Mikro kommen. Schräg hinter dem Pult des Tonmeisters saß an einem schwarzen Tisch der Cutter. Auch er hatte ein Textbuch vor sich. Über eine Gegensprechanlage konnte er sich mit der Regie verständigen.

Die Besetzung von uns Sprechern hing davon ab, wer Zeit hatte beziehungsweise in Berlin war. Als Schauspieler hat man ja meist mehrere Verpflichtungen. Ein Film wird eigentlich chronologisch, Szene für Szene synchronisiert. Dialoge wirken immer am natürlichsten, wenn alle Beteiligten einer Sequenz anwesend sind. Das ist leider nicht immer möglich, und ich war oft allein. Man nennt es X-en, wenn man einen Take allein bestreitet, denn im Textbuch stehen dann für die Sätze des fehlenden Sprechers X-e.

In einer der Szenen, die ich so eingesprochen habe, feiern Daniel und Laura mit Kollegen den Geburtstag der Abteilungsleiterin in einer Disco. Irgendwann tanzen sie eng umschlungen miteinander. Laura hat extra ihre Schuhe ausgezogen, weil sie größer ist als Daniel. Eine sehr romantische Szene. Laura hat die Augen geschlossen und gibt sich der Musik hin. Verliebt wie er ist, versucht Daniel, sie zu küssen. Daraufhin wendet sich Laura ab und sagt, sie müsse nach Hause. Daniel fragt, ob er mitkommen kann, doch sie lässt ihn stehen. Es ist eingetreten, was Daniels Bruder ihm von Anfang an gesagt hat: Eine »normale« Frau wird ihn nie lieben. Daniel ist enttäuscht und verletzt, und das sieht man ihm auch an.

In der nächsten Einstellung läuft er weinend durch die Straßen Sevillas. Er kommt zu einem Bordell, doch der Türsteher sagt, das wäre nichts für ihn, und will ihn nicht reinlassen. Daniel lässt sich nicht abwimmeln, vor allem nicht damit, dass so was nur für Erwachsene wäre. »Ich bin 34 Jahre alt!«, ruft er. Eine Prostituierte steht daneben und versucht zu beschwichtigen. Man könne ihn doch wenigstens mal gucken lassen. Nix da, das sei viel zu teuer, antwortet der Türsteher. Daniel durchschaut, dass man ihm wegen seiner Behinderung den Zutritt verweigert – und entkräftet auch diesen Vorwand: »Ich hab zwei Kreditkarten!« – »Kauf'n Geschenk für deine Mutter!«, bellt sein Gegenüber zurück. Noch einmal setzt sich die Prostituierte für Daniel ein. Ohne Erfolg. Der Türsteher schickt sie ins Haus, und Daniel unternimmt einen letzten Anlauf, ins Bordell zu gelangen. »Hey, das kannst du dir abschminken! An mir kommst du nicht vorbei, Eintritt verboten!« Mit einem lauten Knall fällt die Tür vor Daniel zu. Er wird wütend. So wütend, dass er an die Tür schlägt. Er tritt dagegen und ruft: »Ich bin ein Mann und kann machen, was ich will, wie jeder Mann!«

Ich weiß nicht mehr, wie oft wir diesen Take wiederholten. Holger erklärte mir die Szene. Einmal, zweimal.

Doch es half nichts. Mit Nachdruck und lauter Stimme las er meinen Text vor. Auch das brachte mich nicht weiter. Nach dem dritten Anlauf merkte ich, wie Frust in mir aufstieg. Ich wollte es ja gut machen. Holger ging die Szene noch einmal durch. Wut, ja, verdammt. Daniel ist wütend. Das hatte ich inzwischen kapiert. Ich wurde immer ungeduldiger. Die Szene ist so wichtig! Ich versuchte, mich auf den Text zu konzentrieren, und stellte mich gerade hin. »Los, Sebastian«, sagte ich zu mir. »Noch einmal.« Wieder nichts. Mann! Geht's noch?! Zu meinem Frust gesellte sich Ärger über mich selbst. Irgendwann sagte ich gar nichts mehr. Holger ging um das Pult herum und trat plötzlich heftig dagegen. Bamm! Ich zuckte vor Schreck zusammen.

»Hast du das schon mal gemacht?«, fragte er mich.

»Nein.«

»Wie, du hast noch nie irgendwo gegengetreten?« Ich schüttelte den Kopf.

»Verdammt, dann mach doch mal«, trieb mich Holger an, der sich wieder neben mich hinters Pult gestellt hatte. Zögernd verlagerte ich mein Gewicht auf mein linkes Bein und trat mit dem rechten zu.

»So?«

»Nein, fester. Trau dich, tritt mal richtig zu. So wie ich.« Und zack, trat Holger noch einmal zu. Ich tat es ihm nach.

»So, und jetzt raus damit!«

»Ich bin ein Mann und kann machen, was ich will, wie jeder Mann!«, schrie ich wütend.

»Hast du schon mal so gebrüllt?«, fragte Holger mich anschließend beim gemeinsamen Mittagessen in der Kantine.

»Nee.«

»Und, wie hat es sich angefühlt?«

»Gut.«

»Na, dann haben wir heute ja einen richtigen Macho-Kurs gemacht.«

Dieser Take hatte viel Kraft gekostet. Für die paar Sätze hatten wir 45 Minuten gebraucht. Dabei war ich insgesamt nur sieben volle Tage mit Synchronisieren beschäftigt. Holger war die ganze Zeit über entspannt geblieben. Wenn etwas gut war, hat er es mir immer gleich gesagt. Technisch einwandfrei zu sprechen reicht nicht, um zu berühren. Auf der Bühne gelingt es mir leichter, Emotionen zu übertragen, als im Studio. Einen Monitor kann man eben schlecht anbrüllen.

Es war etwas sehr Besonderes für mich, am selben Ort zu arbeiten, wo auch schon der Oscar-Preisträger Christoph Waltz vor dem Mikrofon stand. *Inglourious Basterds* hat er dort eingesprochen. Außerdem wurden hier auch *Ice Age*, *Knight and Day*, *Up in the Air* und *Shrek* synchronisiert. Weil ich manchmal beim Synchronisieren vorher oder zwischendurch Lockerungsübungen mache, fragte ich mich, ob die Synchronprofis das auch so handhaben. Ich streiche zum Beispiel mit der rechten Hand über meinen Hals bis zum Schlüsselbein hinab, den Kopf hebe ich etwas an. Oder ich massiere leicht meinen Hals. Ich kenne auch eine Übung, die wir im Theater immer machen, um die Stimme zu lockern. Dafür muss man gähnen, als ob man müde ist, oder mit offenem Mund kauen und dabei Mjum und Mjaum sagen.

»Wie ist es denn heute im Studio gelaufen? Hat alles geklappt?«, fragte meine Chefin Gisela, als ich in der ersten Woche nach der Arbeit bei der Berliner Synchron wieder zur Probe ins Theater kam. Gisela Höhne ist Leiterin und Regisseurin des Theaters RambaZamba, wo ich seit 2007 als Schauspieler festangestellt bin. Zum Theater gehört ein Verein, das war ursprünglich die Sonnenuhr, die jetzt auch RambaZamba heißt. Das ist ein Ort, an dem Menschen wie ich künstlerisch arbeiten. Die meisten in meiner Gruppe haben das Downsyndrom, manche sind lernbehindert, sitzen im Rollstuhl oder sind gehörlos. Wir stehen zwar oft auf der Bühne, sind aber auch manchmal im Malatelier, wo wir an einem großen, weiß bespannten Tisch sitzen und mit Wasserfarben, Öl, Acryl, Tusche, Fettstiften oder Pinseln, Schwämmen und Holzfedern Bilder anfertigen. Außerdem gibt es noch eine Keramikwerkstatt, eine Schneiderei und eine Kindertheatergruppe. Manchmal werkeln wir auch mit Holz, bearbeiten es mit Stechbeiteln, Hohleisen, mit Messern, bis Figuren daraus entstehen.

Gisela half mir bei der Synchronisierung von *Me too*. Dafür trafen wir uns im Juni 2010 jeden Tag nach der Theaterprobe meistens im Malatelier, weil man dort in Ruhe arbeiten und ausprobieren kann, wie Texte am wirkungsvollsten gesprochen werden. Sie unterstützte mich die ganzen zwei Wochen, in denen ich für den Film eingesetzt war.

»Es war toll«, antwortete ich.

»Sebastian, du strahlst ja richtig.« Gisela saß mir gegenüber und lächelte mich an. »Und die Geschwindigkeit war auch kein Problem?«

»Nein, der Regisseur hat mir eine neue Technik beigebracht, die viele Synchronsprecher anwenden. Damit schaffe ich es, schnell genug zu sprechen.« Erwartungsvoll sah mich meine Chefin mit ihren fröhlichen braunen Augen an.

»Man steckt sich zwei Finger in den Mund und sagt einen Satz. Dann nimmt man sie heraus, schluckt einmal und wiederholt ihn.«

»Na, dann zeig mal.« Gisela nahm das Textbuch und strich sich eine Strähne ihres dunklen, kinnlangen Haars hinters Ohr. Dann schlug sie die Seite mit der Szene auf, die wir für den nächsten Tag vorbereiten wollten. Ich merkte ihr an, dass sie gespannt war. Also steckte ich mir meinen rechten Zeige- und Mittelfinger in den Mund und las: »Warum hast du mich angelogen? Du tust mir so leid.« Beim zweiten Mal nahm ich die Finger heraus und staunte erneut, was für ein Riesenunterschied es ist, mal so, mal so zu sprechen.

»Sehr gut, Sebastian. Der Trick funktioniert ja wirklich prima.« Gisela war ihre Freude deutlich anzumerken. »Ich hole uns noch was zu trinken, in der Probebühne fand ich es heute wieder fürchterlich stickig. Und dann fangen wir an.«

Auch im Atelier war es sehr warm.

»Du schaffst es also mit dieser Technik tatsächlich, deinen Text lippensynchron einzusprechen?«, hakte Gisela nach, als sie mit einer Flasche und zwei Gläsern zurück ins Atelier kam.

»Genau. Am Anfang habe ich den Trick vor jedem Take angewendet. Aber irgendwann ging es ohne.«

»Ich wusste, dass du es schaffst«, sagte Gisela.

»Danke für das Kompliment.« Ich musste schmunzeln. Und freute mich, dass ich es gepackt hatte. Schließlich war doch vieles neu, und ich war nicht ganz sicher gewesen, ob ich das schaffen würde, als die Anfrage von der Produktionsfirma kam. Dennoch sagte ich gleich zu, weil ich Filme einfach liebe und oft ins Kino gehe.

Das Ganze stellte sich als anstrengender heraus als gedacht, vor allem, weil ich ja weiter als Schauspieler beschäftigt war und wir gerade mitten in den Proben für ein neues Stück steckten. Anlass war das zwanzigjährige Jubiläum der KulturBrauerei, wo auch das Theater beheimatet ist, das ebenfalls sein zwanzigstes Jubiläum feierte. Aristophanes' Stück *Der Frieden* war als Gemeinschaftsproduktion mit einer polnischen und einer israelischen Theatergruppe geplant, die kurz vorher anreisen sollten. Obwohl die Vorbereitung sehr spannend war – wir vom Theater RambaZamba probten in einer großen, alten Werkhalle in Berlin-Schöneweide –, war es für mich eine große Doppelbelastung.

Das heißt, neben den Synchronarbeiten lernte ich den Text für meine Rolle als Hermes. Ich sollte den Text auf einem drei Meter hohen fahrbaren Gerüst sprechen, das über das holprige Kopfsteinpflaster im Hof der Kultur-Brauerei gerollt werden würde. Dabei habe ich Höhenangst! Dort oben sollte ich mir mit einem polnischen Schauspieler, der als mein Gegenpart ebenfalls auf einem hohen Gerüst stehen musste, ein großes Rededuell liefern. Ich hatte einen wunderbaren Text über das Reden der Götter. Dadurch war ich motiviert, meine Angst zu überwinden. Denn ich mag Literatur, Sprache und liebe schöne Formulierungen. Im *Frieden* ruft der Landmann Trygaios, der auf der Suche nach der Friedensgöttin in den Olymp gekommen ist, zu mir hoch: »Die Götter machen ja gar nichts!«, und ich antworte ihm: »Oh, doch! Sie reden übers Reden. Und wenn sie dann übers Reden reden, dann reden sie übers Reden. Wenn sie dann immer noch übers Reden reden, dann reden sie wieder über das Reden. Und wenn sie dann immer noch übers Reden reden, sind sie am Ende gerädert.« Das hatte ich also gepackt: Ich stand sicher auf dem hohen Gerüstturm und beherrschte meinen Text aus dem Effeff. Die Jubiläumsfeier konnte kommen. Blieb die zweite Herausforderung in diesem Sommer: *Me too,* der Film, in dem ich das erste Mal lippensynchron sprechen musste. Meine Worte mussten also genau zu dem passen, was Pablo Pineda auf Spanisch sagt. Holger, den ich von der Arbeit an *Monika und David* kannte, hatte die deutsche Übersetzung bearbeitet. Er weiß, was ich kann, und passte den Text genau auf mich an. Denn bei Menschen, die das Downsyndrom haben, ist der Gaumen schmaler und die

Zunge breiter. Deswegen sprechen manche von uns oft etwas langsamer und undeutlicher als andere Menschen. Viele benutzen auch lieber kurze Wörter, mit wenigen Silben. Hinzu kommen noch andere sprachliche Besonderheiten. Manche stottern oder ihnen fallen sogenannte Labiallaute schwerer, weil sie die Lippen nicht so gut spitzen können. Wörter mit m und n sowie mit d und t sind manchmal ein Problem. Diese Schwierigkeiten habe ich eigentlich nicht, denn schon als kleines Kind haben meine Eltern intensiv mit mir geübt, und ich war viele Jahre mehrmals in der Woche bei einer Logopädin. Aber mit einem so großen Tempo sprechen, wie es die Spanier tun – das kann ich trotzdem nicht.

Darum hatte Holger neben der Wortwahl auch die Satzstruktur von meinem Text in *Me too* auf mich zugeschnitten. Das, was ich im Film spreche, sollte mir gut und vor allem schnell »über die Zunge gehen«, wie er sagte. Holger erzählte mir in diesem Zusammenhang, dass die Aktion Mensch damals die Idee hatte, *Monika und David* von Schauspielern mit Downsyndrom synchronisieren zu lassen. Sonst würde es nicht authentisch sein, Nachmachen würde »behindert« klingen. Die damalige Produktionsleiterin war dann auf das Theater RambaZamba gestoßen. In der Synchronsprecher-Datenbank gab es keine Schauspieler mit Downsyndrom. Es war ein Experiment – keiner konnte einschätzen, ob wir es hinbekommen. Doch es klappte.

Bei *Monika und David* war es vor allem um den Inhalt gegangen. Die Sprache war auch recht einfach. Meine

Stimme wurde dabei über das Original gelegt, das leise im Hintergrund zu hören war. Bei *Me too* war das ganz anders – und viel schwieriger. Das ist ja ein richtiger Spielfilm von über hundert Minuten. Er hat viel mehr Handlung und vor allem viel längere Dialoge, und es sollte ja auch so aussehen, als wenn die Schauspieler wirklich Deutsch sprächen.

Außer mir wurden noch zwei weitere Sprecher benötigt. Ein Mann, der Pedro synchronisiert, und eine Frau, die Luisas Rolle einspricht. Als Paar mit Downsyndrom behaupten sich die beiden gegen alle äußeren Widerstände und bleiben am Ende glücklich zusammen. Juliana Götze, die wir alle nur Jule nennen, war wie ich von Anfang an für *Me too* vorgesehen. Sie ist jünger als ich, und wir mögen uns sehr. Ihre Aussprache und ihre Sprechgeschwindigkeit sind sehr gut. Ich bewundere sie, weil sie für ihre Rolle im *Polizeiruf 110* mit dem Medienpreis der Lebenshilfe, dem »Bobby«, ausgezeichnet wurde. Der Dritte im Bunde war ein Theaterkollege, der deutlich älter als ich und schon lange dabei ist.

Das erste Treffen für die Arbeit an *Me too* fand im Theater RambaZamba in der Gruppe statt. Dabei ging es zunächst um den Inhalt des Films. Gekommen waren der Produktionsleiter und seine Assistentin. Sie fragten uns nach unseren Wünschen und Erlebnissen. Eigentlich war es mehr ein Kennenlernen, denn ausschlaggebend war unsere Erfahrung als Sprecher, unser Können hatten Jule und ich ja schon bewiesen. Wenig später gab es noch ein Einzelgespräch, bei dem auch Gisela da-

ır. Der Produktionsleiter wollte wissen, ob ich
ın mal davon geträumt hätte, wie Daniel zu studie-
ın und mit einer schönen Frau zusammen zu sein. Ich
hatte ihm geantwortet, ich würde gerne Meeresbiologie
studieren – ein Thema, das mich brennend interessiert.
Und am besten wäre so ein Studium zusammen mit einer
schönen Frau. Da war allen klar, dass ich die Thematik
von *Me too* wirklich verstanden hatte.

Doch auch ich hatte viele Fragen. Selbst wenn ich
keinen Moment gezögert hatte, meine Mitarbeit zuzusa-
gen, wollte ich es natürlich so gut wie möglich machen.
Dafür musste ich wissen, wie sie sich das Ganze denken
und wie es funktionieren soll. Ich glaube, ermutigt hat
mich auch Pablo Pineda selbst. Wir sind uns sehr ähnlich, so dass ich das Gefühl hatte, es schaffen zu können.

»Was ist denn?«, las Gisela mit verwunderter Stimme,
das Textbuch vor sich. Darin stand, dass Daniel und
Laura auf dem Sofa sitzen und einen Film gucken.

»Dass du Waise bist, macht mich traurig«, antwortete
ich als Daniel. Dann versuchte ich zu schluchzen.

»Bin ich doch gar nicht«, fuhr Gisela mit dem Text
fort. Und nach einer kurzen Pause: »Ich habe einen Vater
und zwei Brüder, aber ich hab seit Jahren nicht mehr mit
ihnen gesprochen.« Ich zog meine Nase hoch, laut Textbuch weinte Daniel inzwischen.

»Warum hast du mich angelogen?«, las ich weiter.

»Weil …«, setzte Gisela an, und ich versuchte erneut
zu schluchzen.

»Weil …« Ein weiteres Mal sollte ich schluchzen, diesmal sogar noch lauter.

»Weil es für mich so ist, als wären sie tot.«

Nun versuchte ich so zu tun, als würde ich weinen. Es fiel mir schwer. »Ah, du tust mir so leid!«, schob ich hinterher. Bereits als ich den Satz aussprach, wusste ich, dass es das noch nicht war.

Giselas Hände sanken neben das Textbuch. Sie lehnte sich zurück und strich sich bedächtig ihr Haar aus der Stirn. Ein Zeichen, dass mein Eindruck richtig war.

»In welcher Situation befindet sich Daniel in diesem Moment?«, fragte sie mich.

»Er und Laura sitzen bei ihr auf dem Sofa.«

»Was noch?«

»Sie gucken einen Film, und Daniel fängt an zu weinen.«

»Ja, genau. Versuche, dich auf Daniel einzustellen. Warum kommen ihm die Tränen?«

»Weil er traurig ist.«

»Ganz richtig. Aber was macht ihn traurig?« Ich überlegte.

»Erinnere dich an das, was vorher passiert ist.« In jener Szene machen Daniel und Laura einen Strandausflug. Nach ihrer Ankunft rennen sie ins Meer, bespritzen sich mit Wasser und planschen wie zwei vergnügte Kinder. Die Sonne scheint, außer ein, zwei Anglern und einer Handvoll Radfahrer sind nicht viele Leute da. Am Ende der Szene fragt Daniel, ob er Laura den Rücken eincremen soll. Sie liegt auf dem Bauch und löst das Band ihres Bikinioberteils, damit es nicht fettig wird. Mit der Sonnenmilch malt Daniel dann zwischen ihre beiden Schulterblätter ein großes, weißes Herz.

»Was meinst du, warum berührt es dich, dass Laura behauptet hat, keine Eltern zu haben?«, riss mich Gisela aus meinen Gedanken. Mein Blick glitt über die Bilder im Malatelier, die hinter ihr an der Wand hingen. Und ich fühlte die Hitze, die den Raum füllte.

»Ich habe mit Laura einen wunderschönen Sonnentag am Meer verbracht«, setzte ich an. »Bis dahin waren wir nur Kollegen, die sich gut verstanden haben.«

»Fühlst du dich zu ihr hingezogen?« Ich nickte. »Ja, aber warum? Ist es die Art, wie sie auf dem Sofa sitzt? Oder berührt dich, dass sie eine hübsche, begehrenswerte Frau ist und eine gute Figur hat? Oder war es der gemeinsame Spaß, den ihr hattet?« Ich nahm einen Schluck Wasser. »Hast du den Wunsch, noch näher an sie heranzurutschen? Was fühlst du? Hast du Hemmungen?«

»Ich bin verliebt in Laura, und ich habe Sehnsucht.« In dem Moment fing Gisela an zu strahlen.

»Genau, ihr seid euch noch nie so nahe gekommen«, brachte sie es auf den Punkt.

»Ich bin glücklich, denn ich liebe Laura.« Auf einmal wurde mir warm ums Herz. Aber nur kurz, denn ich musste an meine erste große Liebe denken. Das machte mich traurig, sehr traurig. Ich konnte mir auf einmal sehr gut vorstellen, wie sich Daniel im Film neben Laura auf dem Sofa fühlt.

»Aus eurer Freundschaft ist also mehr geworden. Wie verändert das Daniels Haltung? Versetze dich in ihn hinein.«

»Der Gedanke, dass Laura keine Eltern hat, macht mich betroffen. Ich bin so traurig, dass ich weinen muss«, sagte ich nach kurzem Zögern. Erneut griff ich zu meinem Wasserglas. Nun wurde es kompliziert. Denn als Nächstes gingen wir die Szene noch einmal durch. Verstanden hatte ich alles, aber ich weine eher selten. Manchen in meiner Theatergruppe reicht eine Kleinigkeit. Mir kommen nicht so schnell die Tränen, und wenn, dann weine ich höchstens mal, wenn mir ein Abschied von jemandem schwerfällt, den ich sehr gern habe.

»Weinen tut manchmal richtig gut«, sagte Gisela, nachdem wir alles noch einmal wiederholt hatten. »Es kann richtig befreiend sein, weißt du.«

»Hmhm«, stimmte ich ihr zu.

»Es ist so wichtig, seine Gefühle rauszulassen«, fuhr Gisela fort. »Versuche, weniger zu denken, Sebastian.«

Gisela und ich kannten uns sehr gut. Daher wusste sie, dass es für mich eine große Herausforderung war, diese Szene zu synchronisieren. Gisela fordert sehr viel von uns Schauspielern, ist aber dabei sehr einfühlsam. Am Ende bin ich immer wieder verblüfft und beeindruckt, dass sie genau das aus mir herausholt, was ich auf der Bühne zeigen muss.

Sie achtet dabei auf die Körperspannung, die Mimik, darauf, wie wir Impulse aufnehmen und weitergeben. In unterschiedlichen Szenen müssen wir immer wieder anders reagieren, das Gesicht und die Körperhaltung von einem Augenblick auf den anderen ändern und zum Teil vollkommen gegensätzliche Gefühle zeigen. Bei den Proben sagt sie uns, in welcher Szene wir an welcher Stelle stehen sollen. Oder wir bewegen uns zu unseren Worten und laufen über die Bühne. Dabei müssen Gestik und Mimik stimmen. Oder wir nehmen eine Haltung ein, die zur Stimmung passt. Manchmal hocken wir uns traurig auf den Boden, schütteln enttäuscht den Kopf oder fallen einander vor Freude um den Hals und lachen. Wir schlüpfen auch mal in eine Tierrolle und hüpfen oder krabbeln.

Ein Satz, den Gisela oft sagt, ist: »Ich muss dein Denken hören können.« Damit gibt sie uns zu verstehen, dass wir eine Rolle noch nicht richtig verkörpern. Und manchmal dauert es eben, bis wir es richtig packen.

Wie an diesem Nachmittag im Malatelier. Sie erinnerte mich auch immer wieder daran, dass ich Pausen machen muss: »Bilder können erst entstehen, wenn du innehältst.«

»Tut mir leid, ich habe nicht daran gedacht, weil ich mich auf den Text konzentriert habe«, entschuldigte ich mich.

»Lies bitte erst einen Teil und mach dann eine Pause. Denn das, was du sagst, hat Folgen …«

»Ich weiß.«

»Erst wenn ein Bild seinen Effekt beim Zuschauer erzeugt hat, gehst du zum nächsten Satz. So entsteht Bild für Bild. Sie alle sollen ja auch wirken, jedes für sich.«

Während Giselas warme braune Augen aufmerksam auf mich gerichtet waren, rückte ich das Textbuch noch einmal zurecht und las nach einem lauten Schluchzen: »Ah, du tust mir so leid!« Aus dem Augenwinkel heraus erkannte ich an Giselas leichtem Nicken, dass ich auf dem richtigen Weg war.

»Daniel, ich bitte dich.« Ich weinte laut auf.

»Oh, je.« Gisela und ich hielten kurz inne, laut Textbuch tätschelt Laura Daniels Arm, während er noch mehr weint und den Kopf in den Nacken legt.

»Nicht weinen«, fuhr meine Chefin mit deutlich sanfterer Stimme fort, bis sie wie vorgegeben leise anfing zu kichern.

»Wie peinlich«, las ich, während Gisela in der Rolle der Laura lachte, was ich wiederum mit einem lauten Schnauben beantwortete. Denn Daniel hat sich inzwischen wieder gefangen und muss über sich selber schmunzeln. Dabei fährt er sich mit dem Taschentuch über die Augen.

Als wir fertig waren, hob ich meinen Blick vom Textbuch und sah, dass Gisela mich anlächelte. Sie war offensichtlich zufrieden mit meiner Arbeit. Und als die Szene dann tatsächlich im Studio synchronisiert wurde, war Holger Wittekindt erstaunt, wie schnell wir diese Szene geschafft hatten. »Klasse, gut gemacht.« Er klopfte mir auf die Schulter, das war fast ein Ritterschlag. »Ja, Vorbereitung ist eben alles«, erwiderte ich, und wir mussten lachen.

Am schönsten waren die Tage, an denen Jule und unser Theaterkollege mit im Studio waren. Beim Einsprechen meiner Lieblingsszene hatten wir viel Spaß. Hier erklären Daniel und Laura Pedro und Luisa in einem Hotelzimmer, wie Verhütung funktioniert. Es ist Daniel, der ihnen mit Hilfe einer Banane demonstriert, wie sie ein Kondom verwenden müssen. Der Moment, als Luisa – also Jule – sagte, »Eine Banane ist zum Essen da«, war einfach zu komisch. Vorher sagte ich zu ihr: »Das ist der Penis. Und das hier ein Kondom. Man muss hier drücken, damit die Luft entweicht.« Diese Szene wiederholten wir oft, weil wir so lachen mussten über die Banane und über Daniels Versuch, genau zu beschreiben, wie das Kondom drübergezogen wird.

Wenn wir zusammen Pause machten, saßen wir im Regieraum auf dem Sofa. Manchmal neckten wir uns. Auch mit Holger ging es außerhalb des Tonstudios anders zu, nämlich viel lustiger. Aber sobald wir vor dem Mikro standen, zählte nur die Arbeit. Wir mussten schließlich pünktlich fertig werden, denn der Premierentermin stand bereits fest.

Die Premiere von *Me too* war am 4. August 2010 um 20 Uhr im Cinema Paris am Ku'damm. Die Tische in den Restaurants und Cafés waren bis auf den letzten Platz besetzt, auch wenn es nicht mehr ganz so heiß war wie im Juni. Im Foyer des Kinos wartete ich auf Gisela und ihren älteren Sohn Moritz. Er ist auch in meiner Theatergruppe, hat ebenfalls das Downsyndrom und ist einer meiner besten Freunde.

Meine Eltern hätte ich gern in diesem großen Moment

dabeigehabt. Aber etwas hat mit der Organisation der Premiere nicht so richtig geklappt. Sie hatten keine Einladung bekommen. Sehr schade fand ich auch, dass Pablo Pineda nicht anwesend sein konnte, ich hätte mich gefreut, ihn kennenzulernen. Doch wäre er gekommen, hätte man mich nicht kurzfristig dazu gebeten, denn ich sollte ihn vertreten. Was für eine Ehre! Mein Gefühl am Tag der Vorführung war eine Mischung aus Aufregung und Vorfreude. Ich wusste ja, dass wir gute Arbeit geleistet hatten und uns nicht verstecken mussten.

Bevor ich von zu Hause abgeholt wurde, hatte ich mir noch etwas zu essen gemacht. Weil es schnell gehen sollte, schlug ich mir nur zwei Eier in die Pfanne und rührte um. Dazu gab ich noch etwas Schinken und bereitete mir eine Trinkschokolade zu. Als Nervennahrung, dachte ich, brauche ich unbedingt Schokolade. Ich war vorher extra noch beim Friseur gewesen und hatte auch überlegt, was ich anziehen würde. Meine Wahl fiel auf meine graue Hose und ein gestreiftes, kurzärmliges Hemd.

Während ich so dastand – Gisela hatte gesagt, sie wollten vorher noch ein Bier trinken –, schaute ich mir die Plakate im Foyer an. Darauf zu sehen waren Daniel und Laura, wie sie lachen. Die Sonne scheint, im Hintergrund sah man Wasser und Boote. Oben links waren die Preise genannt, die der Film bis dahin bekommen hatte: die silberne Muschel für die beste Hauptdarstellerin und den besten Hauptdarsteller in San Sebastian 2009, den Publikumspreis 2010 in Rotterdam, den »Goya« für die beste Hauptdarstellerin und die beste Musik 2010. Und er war beim Sundance Festival im Wettbewerb gelaufen, einem der renommiertesten Independent-Filmfestivals. Neben dem roten Teppich vor dem Kino waren für den Sektempfang, der nach dem Film stattfinden sollte, Stehtische aufgestellt worden. Darauf lagen Flyer. Mir war ganz schön warm. Hochsommer ist wirklich kein guter Zeitraum für einen Kinostart, dachte ich. Zudem war die Thematik des Films alles andere als einfach. Doch so langsam füllte sich der Raum mit Zuschauern und Leuten von der Presse. Besonders gespannt war ich auf Lola Dueñas, die die weibliche Hauptrolle gespielt hatte. War sie wirklich so schön wie im Film?

Um mir das Warten zu verkürzen, ging ich in den Saal, in dem der Film gezeigt werden sollte. Auf den Stühlen der ersten Reihe lagen Zettel mit den Namen meiner Schauspielkollegen und Freunde vom Theater: Juliana Götze, Mario Gaulke und Jenny Lau waren eingeladen, obwohl sie nicht alle mitgemacht haben. Ich war gespannt, was sie zum Film sagen würden.

Als ich wieder rausging, waren Moritz und Gisela bereits da. Sie strahlte. Ihr Haar, das ihr im Sommer gebräuntes Gesicht mit den Sommersprossen umrahmte, war ganz leicht verschwitzt.

»Na, Kumpel, bist du aufgeregt?«, begrüßte mich Moritz.

»Und wie!«

»Lass dich mal drücken, Sebastian«, sagte Gisela. »Du bist ja ganz aufgelöst. Bekommst du in deinem Rausch überhaupt noch alles mit?« Im Theater gehen wir vor der

Vorstellung auf die Bühne und bilden einen Energiekreis. Dabei fassen wir uns an den Händen und schicken Kraft und Energie vom einen zum anderen. Oder wir klatschen reihum. Das hilft gut gegen Aufregung. Ich laufe meist hin und her, das beruhigt mich ebenfalls. Mut macht mir auch der Gedanke an meine Freunde und ihre Erwartungen an mich. Es baut mich auf, wenn sie sagen, dass ich etwas schaffe. Und so ist es dann auch. Das konnten wir hier natürlich nicht machen, aber ich muss auch sagen, dass es nicht dieselbe Art von Aufregung war.

»Wo bleiben denn die anderen?«, fragte ich Gisela.

»Ich fürchte, sie werden nicht dabei sein«, sagte sie bekümmert.

»Doch, sie kommen bestimmt gleich! Auf den Kinositzen liegen doch Schilder mit ihren Namen. Ich war eben im Saal.«

»Es tut mir leid, Sebastian. Im Vorfeld gab es ein ganz schönes Hin und Her. Meine Assistentin und ich haben die letzten Tage viel telefoniert.« Giselas Stimme merkte ich an, dass sie sauer war. Ansonsten deutete nichts auf ihren Ärger hin. »Keiner hat sich so richtig dafür zuständig gefühlt, Juliana und die anderen einzuladen.«

Nun gut. Meine Enttäuschung vergaß ich schnell, denn Lola Dueñas betrat zusammen mit ihrem Manager das Foyer. Ihr Anblick war überwältigend. Sie trug einen weißen kurzen Rock mit schwarzen Knöpfen und ein weißes Top. Sie hatte rotes Haar, im Film ist sie blond. Ihre nackten Füße steckten in schwarzen Schuhen mit Absatz. Doch das Beste war ihre großartige Ausstrahlung.

Die Veranstalter der Premiere schoben mich zu Lola Dueñas auf den roten Teppich und stellten mich ihr vor. Ich konnte kein Wort mehr sagen, denn sofort begannen die vielen Fotografen von allen Seiten zu rufen: Lola, hier! Sebastian, schau her! Lola, Lola, zu mir! Sebastian, lächeln! Mir schwirrte der Kopf, ich wusste nicht, wohin ich zuerst schauen sollte. Lola Dueñas nahm mich in den Arm und drehte sich mit mir zu den Fotografen. Das Feuer Spaniens in meinen Armen, dachte ich. Wie großartig musste es sein, mit ihr zusammen in diesem Film zu spielen und nicht nur die Stimme von Daniel zu sein … Und ich konnte noch viel besser verstehen, warum sich Daniel in diese Frau verliebt.

Gleich nach dem Fotoshooting wurden wir in den Kinosaal gebeten, und es begann auch schon die Vorstellung, so dass keine Zeit blieb, sich zu unterhalten.

Ich ging zu meinem Platz, Lola Dueñas zu ihrem. Das Licht ging aus, der Vorhang öffnete sich, und ich hörte meine Stimme, die aus dem Off kam und den großen Kinosaal erfüllte. War das wirklich ich, meine Stimme? Alles klang so fremd, obwohl ich mich an jedes Wort erinnerte, das ich im Studio – oft viele Male – gesprochen hatte. Und der Film lief auf einer großen Leinwand, jedes Wort auf Deutsch. Irgendwie war es fast so, als ob ich alles zum ersten Mal sehen würde. Mir fielen Szenen auf, die ich so noch gar nicht kannte.

Kaum war der Film zu Ende, gab es riesigen Beifall. Die Leute im Kino klatschten wie verrückt, besonders als Lola Dueñas auf die Bühne kam. Sie war ja auch wirklich umwerfend. Vorher hatten noch der Chef vom Verleih und der Produktionsleiter eine Rede gehalten.

Auch Lola Dueñas hielt eine kleine Ansprache. Sie sagte, dass sie eigentlich kein Deutsch verstehe. Doch das Publikum habe genauso begeistert reagiert wie das in Spanien. Das zeige, dass der Film funktioniere und die Arbeit gelungen sei. Deswegen wolle sie den Mann auf die Bühne bitten, der die Hauptrolle gesprochen habe. In dem Moment kam sie mit ausgestreckten Armen auf mich zu. Sie fasste mich an den Händen, zog mich von meinem Sitz hoch und ging mit mir auf die Bühne zurück. Dort stellte sie mich als Daniels Stimme vor und sagte, wie sehr sie sich über die gute Synchronisation freue und dass ich meine Sache sehr gut gemacht habe und stolz darauf sein könne. Und wie wichtig sie es finde, dass dieser Film in vielen Ländern gespielt und darüber auch gesprochen würde, damit möglichst viele Menschen sich damit beschäftigen. Ein Dolmetscher übersetzte das für alle, denn sie sprach natürlich spanisch.

Gisela Höhne wurde auch auf die Bühne gebeten. Sie erzählte einiges über das Theater RambaZamba, seine Geschichte und über unsere Arbeit dort.

Dann hielt ich es nicht mehr aus, ich musste etwas sagen und schnappte mir das Mikrofon. Die Aufregung war plötzlich weg. Ich hielt eine kleine Rede, so wie man das bei Preisverleihungen macht und wie ich es oft auch schon im Fernsehen, zum Beispiel bei der Oscar-Verleihung, gesehen hatte. In meiner Rede dankte ich Lola

Dueñas, weil sie so großartig gespielt hatte, dem Synchronstudio und Holger Wittekindt für ihre Geduld. Und natürlich dankte ich Gisela Höhne. Ohne ihre Vorbereitung wäre es nie zu diesem Erfolg gekommen. Ich sagte auch, dass sie eine tolle Regisseurin sei. Und wie sehr ich ebenso wie Lola Dueñas hoffe, dass sich ganz viele Menschen diesen Film ansehen würden. Als dann alle im Kinosaal noch einmal heftig klatschten, fühlte ich mich richtig glücklich, wie auf einer Wolke.

Auch im Foyer sagten etliche Leute etwas über den Film, wie gut und wichtig er sei und wie sehr man sich freue, dass er nun endlich auch auf Deutsch in unseren Kinos gezeigt werden würde. Beim Empfang umarmte mich Gisela und sagte: »Sebastian, das hast du großartig gemacht. Es war wunderschön!« Auch Moritz drückte mich und sagte, dass ihm der Film super gefallen habe.

Gegen 23 Uhr leerte sich das Foyer. Lustig war, dass Moritz von einem Journalisten mit Pablo Pineda verwechselt wurde. Beide sind sich wirklich ähnlich – das ist nicht nur die Statur. Moritz hat ebenfalls schwarzes Haar und fast die gleiche Frisur. Gisela bestellte mir ein Taxi und die beiden warteten noch, bis es kam, um mich – stolz und glücklich – nach Hause zu bringen.

HOCH STAND
DER SANDDORN
AUF HIDDENSEE

Auch Daniel in *Me too* ist bei seiner Familie aufge-
wachsen. Seine Mutter hat ihn aber nie richtig akzeptiert. Im Film sagt sie ihm ins Gesicht, dass er für sie ein
Weltuntergang war. Auch für meine Familie war es ein
Schock, als sie erfuhr, dass ich das Downsyndrom habe.
Sie hat mich aber angenommen, wenngleich es bei manchen, wie bei Oma Ilse, etwas länger dauerte. Daniel war
nun mal da und seine Mutter hätte ihn – genau wie sein
Vater – nehmen sollen, wie er ist. Vor allem hätte sie
ihm nicht immer wieder sagen sollen, dass er für sie ein
Weltuntergang war. Ebenso halte ich die Ansprüche von
Daniels Mutter an ihren Sohn für zu hoch. Er sagt es
zwar nicht, doch sein Gesichtsausdruck beim gemeinsamen Englischlernen drückt aus, wie unglücklich er ist.
Auch meine Eltern wollten, dass ich weiterkomme. Dafür wurde ich nach Kräften gefördert und manchmal heftig herausgefordert, doch ich habe mich nie unter Druck
gesetzt gefühlt. Heute bin ich froh, dass ich so unterstützt
wurde und dass meine Eltern immer an mich geglaubt
haben. Dabei begann alles sehr dramatisch.

»Was ist los? Stimmt etwas nicht mit Sebastian?« Vati hatte schon länger auf die Oberärztin gewartet.

»Am besten gehen wir rüber. Ihr Sohn ist auf der Neugeborenenstation im Haus nebenan.«

Vati folgte ihr. Draußen herrschte Matschwetter, in der Nacht hatte es einen Wetterumschwung gegeben. Es war windig, der Himmel grau verhangen. Auf den Wegen, die die einzelnen roten Klinkergebäude der Klinik miteinander verbanden, lagen Schneereste.

»Wie geht es meinem Sohn? Wo ist er? Können Sie schon irgendetwas sagen?« Vati war sehr aufgeregt, er stellte alle Fragen auf einmal. »Meine Frau sagt, dass etwas nicht in Ordnung ist. Sie hat auf dem Krankenblatt die Bezeichnung Trisomie 21 gelesen. Was ist das? Eine Krankheit? Wir haben das noch nie gehört. Wir machen uns Sorgen.«

»Wir sind uns nicht sicher.«

»Wie – nicht sicher?«

»Es ist nicht alles so, wie wir es uns wünschen. Es besteht der Verdacht auf eine Erbkrankheit, also eine Behinderung«.

»Eine Erbkrankheit? Eine Behinderung? Meinen Sie Mongolismus?«

»Ja, ja, Ihr Sohn ist wahrscheinlich mongoloid. Aber wir müssen erst eine Chromosomenanalyse machen, um es definitiv zu wissen.«

Die Schwangerschaft meiner Mutter war normal verlaufen, alle hatten sich sehr auf mich gefreut. Etwa eine

38

Woche vor dem errechneten Geburtstermin setzten bei ihr die Wehen ein, und Vati brachte sie ins Klinikum Buch. Doch als Mutti im Kreißsaal lag, war plötzlich alles ruhig, die Wehen hatten aufgehört. Ich hatte mich wohl entschlossen, noch ein wenig zu warten. Vati fuhr wieder nach Hause. Gemeinsam hatten meine Eltern den Geburtsvorbereitungskurs besucht, aber das Krankenhaus hatte entschieden, dass Vati bei der Entbindung nicht dabei sein durfte. Damals war das nicht überall möglich. Kaum war Vati weg, setzten die Wehen wieder ein. Um 0:25 Uhr am 16. März 1978 war es dann so weit. Ich erblickte das Licht der Welt.

Nach der Geburt durfte mich Mutti nur kurz sehen. Ich wurde sofort auf die Frühchenstation gebracht. Die Ärzte sagten ihr, es sei ein Junge. Und es sei alles dran. Da ich allerdings nicht gleich allein atmen konnte und zu klein und zu leicht war, musste ich erst mal überwacht und aufgepäppelt werden. Mutti hat sich in dem Moment wohl sehr hilflos und alleingelassen gefühlt. Schließlich hatte sie sich vor der Geburt schon vorgestellt, was für ein unbeschreiblich schönes Gefühl es sein muss, mich in den Armen zu halten. Die Hebamme versuchte, Mutti zu beruhigen, und sagte ihr, sie solle sich keine Sorgen machen, man würde sich schon um mich kümmern und mich medizinisch gut versorgen. Es gebe dafür im Klinikum alle Voraussetzungen.

Frühmorgens kam Vati zurück ins Krankenhaus. Nachts, in dem Moment, als ich geboren wurde, war er von einem lauten Piepen im Ohr aufgewacht. Er fand

Mutti aufgeregt in ihrem Vierbettzimmer vor. Allein, ohne mich. Um ungestört miteinander sprechen zu können, gingen sie auf den Flur. Aufmerksam und zunehmend beunruhigt hörte er ihr zu. Die erste Schwester, die vorbeikam, bat er um ein Gespräch mit den zuständigen Ärzten. Sie reagierte ausweichend und sagte, die Oberärztin würde gleich kommen und mit ihm reden. Er brachte Mutti zurück ins Zimmer, denn sie war noch recht schwach und brauchte Ruhe. Dann wurde er schon zur Oberärztin ins Büro gerufen.

Vati konnte nicht glauben, was er dort hörte. Mongolismus, so haben damals die Mediziner das Downsyndrom genannt, war ihm unvermittelt eingefallen, als die Ärztin etwas von Behinderung sagte. Nicht im Entferntesten hatte er damit gerechnet, dass ich das Downsyndrom tatsächlich haben könnte. Es war furchtbar für ihn, die Nachricht kam völlig unvorbereitet. Schließlich hatte es die ganze Zeit keinen Hinweis auf irgendein Problem gegeben. Nur, dass ich zum Schluss nicht mehr so schnell gewachsen bin und Mutti nicht viel zugenommen hatte. Aber die Ärzte fanden das nicht so ungewöhnlich. Auf dem Ultraschallbild, das im achten Monat von mir in Muttis Bauch gemacht wurde, war nichts Besonderes zu erkennen gewesen. Vati hat mal gesagt, dass es für ihn der schlimmste Augenblick seines Lebens war, als er von dem Verdacht erfuhr. Meine Eltern hatten sich natürlich alles ganz anders vorgestellt. An meinem Wärmebettchen kam Vati wieder zu sich. Dort lag ich. Ein winziges Bündel, aus dessen Kopf und Nase Schläuche ragten. Mein Blut musste verdünnt werden. Ernährt wurde ich über eine Magensonde, denn es bestand der Verdacht auf eine Milchallergie, und ich konnte nicht richtig schlucken. Auch die Sauerstoffsättigung wurde überwacht.

»Wie ich Ihnen bereits gesagt habe, wird die humangenetische Untersuchung Ihres Sohnes Klarheit bringen«, versuchte die Oberärztin noch einmal die Situation zu erklären. »Es gibt verschiedene Anzeichen wie die Augenstellung und die Vierfingerfurche, die auf Mongolismus hindeuten. Wir können noch nicht hundertprozentig sicher sein, dass Ihr Sohn davon betroffen ist. Er hat nicht alle Merkmale für eine Trisomie. Es besteht eine kleine Chance, dass sich unser Anfangsverdacht nicht bestätigt.«

»Wie lange müssen wir auf das Ergebnis warten?«

»Etwa vier bis sechs Wochen.«

»Ich bitte Sie, Ihre Vermutung meiner Frau gegenüber nicht zu erwähnen.«

»Ich verspreche es Ihnen, Herr Urbanski.«

»Und bitte instruieren Sie die anderen Ärzte und Schwestern. Ich weiß nicht, was meine Frau tut, wenn sie von der Vermutung erfährt. Vor allem möchte ich nicht, dass sie unnötig geschockt ist, sollte am Ende doch alles in Ordnung sein.«

»Ich gebe Ihnen mein Wort.«

»Ich verlasse mich darauf, dass Sie sämtliche Gespräche mit mir führen. Für den Fall, dass sich der Verdacht bestätigt, möchte ich es meiner Frau und unserer Familie selbst sagen. Das sollen keine fremden Menschen tun.«

Für Vati brach eine Welt zusammen, aber er wartete ab. Mutti sagte er, es gäbe Komplikationen, die man jetzt in den Griff bekommen wolle. Sie fragte die Schwestern immer wieder nach mir. Am Nachmittag hielt sie es nicht mehr aus und stand auf. In leichter Kleidung und offenen Schuhen – als die Wehen einsetzten, war es ein milder Frühlingstag gewesen – legte sie denselben Weg zurück wie Vati wenige Stunden vor ihr, um mich endlich sehen zu können. Sie hatte sich so sehr auf mich gefreut und alles dafür getan, dass es mir auch schon in ihrem Bauch gutging. Als sie mich dann das erste Mal erblickte, glaubte sie, jemand zöge ihr den Boden unter den Füßen weg. Sie musste weinen. So ein hilfloses winziges Wesen, ohne die Nähe seiner Mama lag es in dem Glaskasten. Was, wenn die Ärzte mir doch nicht helfen könnten?

Mutti wurde nach einer knappen Woche entlassen. Ohne mich, denn ich musste noch im Krankenhaus bleiben. Die Wiege stand leer, der Wickeltisch wurde nicht gebraucht. Sie wollte mich doch in den Arm nehmen, mich in den Schlaf wiegen. Ihr tat es unendlich weh, mich nicht bei sich zu haben. Sie hatte große Angst, dass ich es nicht schaffen könnte, alleine zu leben. Zugleich setzte sie alle Hoffnung, alles Vertrauen in die Ärzte, die mir helfen würden, gesund zu werden, schnell zu wachsen und bald das Krankenhaus verlassen zu können. Aber mit ihrer Angst wollte sie Vati nicht beunruhigen.

Für Vati waren diese ersten Wochen eine bange Zeit des Wartens, der Ungewissheit, die sehr schlimm war und ihn niederdrückte. Mutti dachte, dass er traurig war, weil ich nicht nach Hause durfte und weiter im Wärmebettchen liegen musste – mit all den Schläuchen. So lange, bis ich das normale Gewicht eines Neugeborenen erreicht hätte.

Auch Oma Uschi, seine Schwiegermutter und meine Grande Dame, bemerkte die Veränderung an ihm. Uschi kannte ihn gut. Sie, ihr Mann Marek und meine Eltern standen sich sehr nah. Sie hatten oft gemeinsam Urlaub gemacht und unternahmen auch sonst viel zusammen. Vati, dem nichts anderes übriggeblieben war, als die Nachricht zu schlucken und allein zu verarbeiten, hielt es bald nicht mehr aus und erzählte ihr von dem Verdacht. Vorher musste auch sie ihm versprechen, Mutti nichts zu sagen.

Dass ich das Downsyndrom haben könnte, traf Uschi und Marek sehr. Wie meine Eltern hatten sie nicht im Geringsten damit gerechnet, dass etwas nicht stimmen könnte. Nachdem sich der erste Schreck gelegt hatte, fragte Oma Uschi sich, wie Mutti das aufnehmen würde. Welches Schicksal stünde ihrer Tochter möglicherweise bevor, wie sollte alles nur werden? Wie würde das Leben mit einem behinderten Kind aussehen?

Uschi war dann auch dabei, als Mutti bei einem Besuch an meinem Wärmebett sagte: »Guck mal, Sebastians Augen. Sie sehen irgendwie anders aus als die der anderen Babys. Meinst du nicht?«

»Ach nein, da ist nichts. Ich finde, er sieht so niedlich und aufgeweckt aus.« Mutti sollte sich erholen, und auf keinen Fall wollte Uschi Vati vorgreifen und sie beunruhigen. »Ich hoffe so sehr, dass Sebastian bald entlassen werden kann. Er ist noch so klein und zart … Schau mal seine winzigen Hände an.«

»Mach dir keine Sorgen, Bettina. Sebastian ist hier gut aufgehoben.«

Die Milchallergie hatte sich zwischenzeitlich nicht bestätigt. Mutti pumpte also jeden Tag Milch für mich ab, die Vati und Marek abwechselnd zu mir ins Krankenhaus brachten. Wie Uschi arbeitete ihr Mann freiberuflich als Übersetzer und Dolmetscher für Polnisch und hatte daher auch mal tagsüber Zeit für die Fahrt nach Buch. Ich war aber zu schwach zum Saugen und wurde zunächst weiter über die Magensonde versorgt. Nur ganz langsam lernte ich, aus dem Fläschchen zu trinken. Das war wichtig, denn sonst konnte ich ja nicht aus dem Krankenhaus entlassen werden.

Ich war immer noch dort, als Vati Mitte April kurz vor Feierabend auf der Arbeit angerufen und ihm mitgeteilt wurde, dass die Chromosomen-Untersuchung den Verdacht auf das Downsyndrom bestätigt habe und dass ich bald nach Hause könne. Er brauchte eine Weile, um sich einigermaßen zu fassen. Als Erstes rief er Uschi und Marek an. Dann fuhr er nach Hause, um mit Mutti über alles zu sprechen. Er wusste, dass sie verzweifelt reagieren und weinen würde. Genau wie Vati stellte sie sich immer wieder die Frage, warum gerade sie ein behindertes Kind bekommen hätten. Wo sie sich doch schon vorher gewissenhaft auf die Schwangerschaft und die Geburt ihres Wunschkindes vorbereitet hatten. Beide überlegten hilflos hin und her: Was macht man mit so einem Kind, wie soll man mit ihm umgehen? Kann es überhaupt etwas lernen, wird es jemals selbst essen, laufen, auf die Toilette gehen können? Können wir unser Leben, wie wir es uns vorgestellt haben, leben – und wird das Geld überhaupt reichen, wenn vielleicht nur einer arbeiten gehen kann? Was wird aus all unseren Wünschen und Plänen? Werden wir bis an unser Lebensende rund um die Uhr für das Kind sorgen müssen?

Ich kann mir vorstellen, dass die Bestätigung der Diagnose für Vati eine Katastrophe war, von der er gehofft hatte, dass sie ihn und seine Familie nicht trifft. Schon bald aber begriff er die Situation als Herausforderung, sich nicht mit dem Schicksal abzufinden. Vielleicht war es also trotz allem eine kleine Erleichterung, als die Ergebnisse endlich vorlagen. Nun herrschte wenigstens Klarheit. Die quälende Ungewissheit war vorbei, und er konnte gemeinsam mit Mutti über die Zukunft nachdenken. Als Ingenieur ist er ein Mann, der Fakten braucht. Damit kann er umgehen, sich Gedanken über eine Lösung machen. Irgendwie würde es ja weitergehen müssen.

Also fuhren Mutti und Vati gleich am nächsten Tag in das Klinikum Buch. Sie wollten Antworten auf ihre vielen Fragen und hofften, dass die Ärzte ihnen weiterhelfen würden. Sie wollten Genaueres darüber erfahren, was es mit einer Trisomie 21 auf sich hat, wie sie entsteht, ob das nicht doch eine Krankheit ist, die man irgendwie behandeln und heilen kann, und mit welchen Auswirkungen sie rechnen müssen. Meine Familie hatte bis dahin keine Erfahrung mit Behinderungen oder Erbkrankheiten. Meine Eltern waren gesund, und Mutti war erst sechsundzwanzig, also noch jung. Auch im Freundes- und Bekanntenkreis kannten sie niemanden mit Downsyndrom. Mit dem Thema hatten sie sich also noch gar nicht beschäftigt. Hinzu kam, dass Menschen mit Behinderung in der damaligen Zeit ein kaum sichtbarer Teil der Gesellschaft waren. Man begegnete ihnen nur selten in der Öffentlichkeit. Sie waren einfach für die meisten kein Thema. Teilweise ist das ja leider noch heute so. Schließlich wissen viele Leute nach wie vor nicht, wie sie Menschen mit Behinderung begegnen sollen, weil sie kaum Kontakt zu ihnen haben.

Als Erstes wollten meine Eltern von den Ärzten im Krankenhaus wissen, wie sie mich behandeln, was sie für mich tun können. Diese empfahlen ihnen, sich an die humangenetische Beratungsstelle des Klinikums zu wenden. Sie bekamen auch gleich einen Termin und wiederholten dort ihre Fragen.

»Man kann nichts machen. Wir raten Ihnen, Ihren Sohn in ein Heim zu geben«, sagte man ihnen. Mutti und Vati sahen sich an.

»Sie meinen, wir sollen Sebastian weggeben?«, fragte Vati ungläubig. »Sie müssen doch wissen, welche Maßnahmen bei Mongolismus ergriffen werden müssen und wie wir mit unserem Sohn umgehen sollen.«

»Es tut uns leid, Förderung ist erst ab drei, vier Jahren, also im Kindergartenalter, in einer Behinderteneinrichtung sinnvoll. Dort übernehmen das dann Fachkräfte.« Die Ärzte wichen ihnen aus. »So lange sollen wir warten? Haben Sie denn keine Erfahrungswerte?«, wollte Vati wissen. Schweigen.

»Können Sie uns wirklich nicht weiterhelfen? Wir sind doch sicher nicht die Einzigen, deren Sohn diese Beeinträchtigung hat.« Mutti war verzweifelt.

»Frau Urbanski, wir bedauern es sehr. Doch es wäre das Beste, Sie geben Ihren Sohn in Obhut. Vor allem, wenn Sie sich noch weitere Kinder wünschen. Dann können die Geschwister ohne Belastung aufwachsen. Außerdem sollten Sie bedenken: Es gibt Frauen in Ihrer Situation, denen der Mann weggelaufen ist.«

Meinen Eltern verschlug es die Sprache. Fassungslos legte Vati Mutti einen Arm um die Schultern. Auf dem Weg zur S-Bahn versuchten sie, ihre Gedanken zu sortieren. Die einzige handfeste Auskunft, die sie erhalten hatten, war, dass es sich nicht um eine Erbkrankheit handelt, sondern um eine zufällige falsche Zellteilung des 21. Chromosoms, das bei mir deswegen gleich drei Mal vorhanden ist. Aber die erhofften Hinweise, wie man mit einem behinderten Baby umgeht, hatten sie nicht bekommen. Sie merkten, wie wenig sogar die Mediziner darüber wussten, und versuchten, sich gegenseitig Mut zuzusprechen. Gemeinsam würden sie für ihr Baby stark bleiben.

Mutti und Vati konnten sich einfach nicht vorstellen,

dass es nichts gab, was sie für mich tun konnten. Noch weniger wollten sie die Meinung der Ärzte akzeptieren, ohne zumindest versucht zu haben, das Beste aus der Situation zu machen. Mich wegzugeben kam gar nicht in Frage. Sie waren schon immer sehr kritisch und ließen sich nicht einfach so abspeisen. Typisch für Vati ist eine lustige Geschichte, die er mir einmal erzählt hat: Er eckte schon in der fünften Klasse in der Schule an, weil er einem Lehrer nicht glaubte. Dieser hatte behauptet, Apfelsinen hätten weniger Vitamine als Äpfel, weil sie größtenteils aus Wasser bestehen. So was ließ sich Vati nicht ungeprüft erzählen. Auch Mutti war dazu erzogen worden, nicht gleich klein beizugeben, wenn es Hindernisse gibt. Diese Haltung hatte sich bei beiden während ihres Studiums noch verstärkt. Schon als Studenten hatten sie viel Zeit in Bibliotheken verbracht und wussten daher, wie man sich dort Informationen beschafft. Damals gab es ja noch kein Internet, und in der DDR konnte man nicht einfach in die nächstgelegene Buchhandlung gehen und genau die Bücher kaufen, die man gerade brauchte. Darum hatten Bibliotheken auch eine viel größere Bedeutung als heute. Die Menschen liehen oft untereinander Bücher aus oder schrieben wichtige Texte ab, denn moderne Kopiergeräte gab es natürlich auch noch nicht.

Der Universitätsabschluss kam meinen Eltern auch in anderer Hinsicht zugute. Mit dem Diplom in der Hand konnten sie in die Deutsche Staatsbibliothek Unter den Linden gehen und Fachbücher ausleihen, die nicht allgemein zugänglich waren. In dem alten, imposanten Bau wurde wissenschaftliche Forschungsliteratur gesammelt, auch Zeitschriften und Zeitungen. Vati hat mir mal erzählt, dass die Staatsbibliothek mit über tausend Partnern aus achtzig Ländern enge Tauschbeziehungen unterhielt. Darunter waren nicht nur sozialistische Länder. Ein Teil der Forschungsliteratur war darum in einer gesonderten Abteilung untergebracht. Weil zu Vatis damaligem Arbeitsbereich im Kraftwerksanlagenbau Kernkraftwerke gehörten, durfte er sogar die sogenannte Westliteratur ausleihen, denn internationale Veröffentlichungen zu kennen war nun mal erforderlich, um auf dem aktuellen Stand zu bleiben. Sein Arbeitgeber musste nur bestätigen, dass er auch Fachliteratur aus dem Westen ausleihen darf.

Zunächst ging es meinen Eltern darum, die Diagnose zu verstehen. Was bedeutete es eigentlich, das Downsyndrom zu haben? Sie fingen ja bei null an. Gab es überhaupt Literatur zu dem Thema? Sie hatten keine Ahnung, wer was wo veröffentlicht haben könnte. Soll man nun eher in der medizinischen Literatur suchen oder nach sonderpädagogischen Artikeln? Mit ihren recht ungenauen Vorstellungen baten sie die Bibliothekare um Unterstützung. An einem langen Tresen nahmen die Mitarbeiter der Staatsbibliothek die Literaturwünsche der Studenten und Wissenschaftler entgegen, dort wurde dann auch die Literatur ausgehändigt. Manches durfte man mit nach Hause nehmen, anderes musste im Lesesaal bleiben und konnte nur dort gelesen werden. Abwechselnd saßen Mutti und Vati in einem der Lesesäle neben einem Riesenstapel Bücher und machten sich Notizen. Langsam wurde klarer, was sie an Literatur haben wollten, was hilfreich sein könnte und was weniger. Wie in Studentenzeiten brachten sie leere Schreibblöcke in den Lesesaal und kamen mit eng beschriebenen Blättern wieder nach Hause.

Relativ bald stellte sich *Das mongoloide Kind* von Christof Wunderlich als beste Quelle heraus. Der Autor ist Professor und selber Vater von zwei Kindern mit Downsyndrom. Er war damals der Experte auf diesem Gebiet in der Bundesrepublik. Die Ausgabe, die meine Eltern dann sogar ausleihen durften, ist 1977 erschienen. Neben der Beschreibung der Trisomie 21 enthielt das Buch Anregungen zur Betreuung von Kindern mit dieser Chromosomen-Besonderheit. Für Mutti und Vati war es sehr wichtig und informativ. Es war die erste wissenschaftliche Abhandlung, die nicht nur versuchte, die Entstehung und Auswirkung des Syndroms zu beschreiben. Das Wichtigste war die Bestätigung, dass man doch etwas tun kann. Was heute so selbstverständlich klingt, war damals noch wenig bekannt: dass so früh wie möglich, also schon bei Babys, mit der Förderung begonnen werden sollte. Selbst Ärzte hatten meinen Eltern ja immer wieder gesagt, dass man nicht viel tun könne. Professor Wunderlich dagegen machte ihnen mit seinem Buch Mut und gab viele praktische Anregungen. Meine Eltern waren natürlich nicht mit allem einverstanden, was der Professor geschrieben hatte. Am meisten ärgerten sie sich über den

Buchtitel. Das Wort »mongoloid« wurde damals noch oft benutzt. Für die Mediziner war es sogar ein Fachbegriff. Aber Mutti und Vati empfanden das Wort als verletzend, weil es oft als Schimpfwort gebraucht wurde.

Meine Eltern wären nicht meine Eltern, wenn sie nach den Anregungen Christof Wunderlichs nicht ein ganz besonderes Konzept für mich entwickelt hätten. Was machten sie also? Sie besorgten sich Literatur zur Entwicklung von Neugeborenen und Kleinkindern. Sie wollten ihr eigenes Ding machen: einen Plan entwickeln, um mich in Eigenregie zu fördern.

Nach der Diagnose Downsyndrom blieb meinen Eltern nur wenig Zeit, um all das Gelesene zu verarbeiten.

Es war ein milder Frühlingsnachmittag Ende April, als Mutti und Vati mich nach Hause holten. Zu dem Zeitpunkt hatte ich noch immer nicht ganz Größe und Gewicht eines gesunden Säuglings bei der Geburt erreicht. Aber die Ärzte waren sich nun sicher, dass ich zu Hause besser aufgehoben wäre als im Krankenhaus. Eine Schwester hatte mich angezogen – Windeln, Jöppchen, Strampler und eine kleine Mütze, die bei meinen Eltern bis dahin im Schrank gelegen hatten. Alles war immer noch viel zu groß, obwohl es die kleinste Babygröße war, die es zu kaufen gab. Die Ärmel wurden umgekrempelt, der Strampler mit den roten Marienkäfern war so groß, dass lange Zipfel unter meinen Füßchen hingen. Vorher hatte ich ja nur Hemdchen der Neugeborenenstation getragen. Die Schwester hatte mich in den Kinderwagen gelegt und mit einem dicken Kopfkissen zugedeckt.

Dann spazierten Mutti und Vati mit mir los zur S-Bahn. Vati schob den blauen Kinderwagen, der an den Seiten und am Kopfende Fenster hatte, die aber jetzt abgedeckt waren. Immer wieder schauten sie in den Wagen und sagten sich, dass ich doch eigentlich genauso wäre wie alle anderen Babys auch. Ich würde nicht so viel anders aussehen als andere Säuglinge und ebenso niedlich im Schlaf die Lippen bewegen. Doch ihre Sorge, wie sie alles in Zukunft bewältigen, wie sie mit meiner Besonderheit zurechtkommen würden, überlagerte schnell wieder die Freude, mich endlich bei sich zu haben.

Zu Hause angekommen, wussten sie anfangs nicht, wie sie mit mir umgehen sollten. Sie hatten mich vorher nur durch die Eingriffsöffnungen am Wärmebett ein bisschen gestreichelt, mich allein auf den Arm zu nehmen oder zu versorgen hatte man ihnen untersagt. Kein Wunder, dass sie sich nicht mal trauten, mich aus dem Wagen zu heben. Aus Angst, dass sie meinen Kopf nicht richtig stützen oder mir wehtun könnten, schoben sie sich diese Aufgabe gegenseitig zu. Dasselbe wiederholte sich später beim Füttern, Wickeln und Umziehen. Nachdem beide sich einmal überwunden hatten, waren ihre Ängste sofort verflogen, schließlich waren sie vor meiner Geburt in einem Vorbereitungskurs gewesen. Allerdings war ich nun da. Ein richtiges Baby – und keine Puppe.

In den ersten Tagen trugen sie noch Stoffwindeln vor Mund und Nase, da mein Immunsystem nicht richtig ausgeprägt war und sie mich nicht mit irgendwelchen Keimen gefährden wollten. Einen Mundschutz konnte man nicht wie heute in der Apotheke kaufen. Die Windeln vor dem Gesicht waren schrecklich unpraktisch. Das merkten meine Eltern auch, als sie mich badeten – gleich an meinem zweiten Tag zu Hause. Sie heizten den blauen Kachelofen im Wohnzimmer besonders heftig an, damit es gemütlich warm für mich wurde. Auf dem runden Wohnzimmertisch breiteten sie eine Decke aus, darauf stellten sie die gelbe Plastikwanne. Das Wasser hatte Vati zuvor im Badezimmer aus einem Badeofen eingefüllt. Dann hielt er mich auf seiner großen Hand in die Wanne, und Mutti wusch mich vorsichtig. Beide mussten dabei viel lachen, denn die Windeln rutschten immer wieder von ihren Nasen. Aber keiner hatte die Hände frei, um sie wieder richtig vorzubinden. Am Ende war ich gebadet, und meine Eltern hatten nasse Windeln.

Ich war also eigentlich doch ein ganz normales Baby, stellten meine Eltern fest. Beim Baden jauchzte ich jedes Mal vor Vergnügen. Und ich konnte auch schreien, allerdings meist recht leise, wenn ich Hunger hatte oder irgendetwas nicht stimmte. Sie beobachteten mich sehr genau, weil sie wissen wollten, was bei mir anders ist, was ich nicht kann, aber eigentlich können müsste. Nachdem sich eine gewisse Vertrautheit und Sicherheit im Umgang mit mir entwickelt hatte, begannen meine Eltern, ihre Ideen umzusetzen und genaue Pläne für meine Förderung zu entwerfen. Es sollte für jeden Tag ein Programm geben, nach dem sie mit mir üben wollten. Ich wurde zunächst rücklings auf die flauschige blaurot karierte Decke auf den Wohnzimmerboden gelegt. Der blaue Ofen war wie immer gut geheizt, damit ich nicht friere. Direkt daneben stand mein Babykörbchen mit mit kleinen gelben Blüten gemusterten Vorhängen, die Mutti selbst genäht hatte. Den großen Oma-Sessel hatten meine Eltern beiseitegeschoben, damit wir genügend Platz auf dem Teppich hatten.

»Schauen wir mal, was unser Sohn alles kann«, sagte Vati, neben sich ein Buch über die frühkindliche Entwicklung.

»So, mein Schnuppelkind, gib mir mal deine Hand.« Langsam strich Mutti mit ihrem Daumen über deren Innenfläche. »Hm, kein Greifreflex, Rainer.«

»Ich sehe es. Versuch es noch mal.« Mutti wiederholte die Bewegung, einmal, zweimal.

»Vielleicht ein bisschen stärker?«, schlug Vati vorsichtig vor. Doch nichts regte sich. Entspannt ruhte meine kleine Hand in ihrer.

»Und wenn du es auf der anderen Seite probierst?«, sagte Vati. Mutti erhob sich von den Knien, setzte sich links von mir auf die Decke und strich über die Innenseite meiner linken Hand. Wieder nichts. Vati griff zum Buch, nachdem er mir sanft über den Kopf gestreichelt hatte.

»›Um das Vorhandensein des plantaren Greifreflexes zu überprüfen, wird der Zehenballen des Neugeborenen mit dem Daumen bestrichen‹«, las er vor. »›Anschließend krallt es die Zehen.‹« Mutti folgte den Ausführungen, doch nichts passierte. Wie vorher bei meinen Händen unternahm sie bei beiden Füßen drei Anläufe.

»Soll ich es mal versuchen?«, fragte Vati vorsichtig.

»Ich glaube, das hat keinen Sinn, Rainer. Sebastian zeigt null Reaktion ...«

Meine Eltern ließen sich nicht entmutigen. Schließlich hatten sie sich vorgenommen, alles, was ich nicht konnte, so lange mit mir zu üben, bis ich es gelernt hatte. Dazu hatten sie sich ja auch die Bücher besorgt, in denen genau steht, wann ein Kind was können sollte. In den folgenden Wochen strichen sie immer erst über die Innenseite einer Hand und schlossen meine Finger dann zu einer Faust. Dasselbe machten sie mit meinen Fußballen und Zehen.

Ende Mai überraschte ich dann alle. Mutti war mit mir bei einer der regelmäßigen Untersuchungen in der Mütterberatung. Die Ärztin hatte mich gerade mit dem Stethoskop abgehört. Plötzlich griff ich nach dem Gummischlauch und hielt ihn fest. Ich wollte gar nicht wieder loslassen und protestierte schreiend, als Mutti versuchte, meine Finger von dem roten Schlauch zu lösen. Als Vati abends nach Hause kam, erzählte sie ihm freudestrahlend, wie sicher und fest ich nach dem Schlauch gegriffen hatte. Eine schönere Bestätigung für den Erfolg der täglichen Übungsrunden konnte es nicht geben.

Auf dieselbe Weise trainierten sie meine anderen Reflexe. So lernte ich, den Kopf in die Richtung einer Geräuschquelle zu wenden. Dafür rief Mutti mich, klatschte in die Hände oder rasselte mit meiner Klapper, ohne dass ich sie sehen konnte, und Vati führte meinen Kopf in die richtige Richtung.

Weil es für Menschen mit Downsyndrom keine speziellen Förderangebote gab, hatten Mutti und Vati von Beginn an geguckt, ob es so etwas für Kinder mit anderen Behinderungen gab. Sie fanden heraus, dass für Spastiker in der DDR gute und erfolgreiche Förderung angeboten wurde. Ich passte aber nicht ins Schema. Es bedurfte hartnäckiger Überzeugungsarbeit, dass ich beispielsweise beim Babyschwimmen und an der Ergotherapie teilnehmen durfte. Vor allem mein Vater verhandelte viel mit den zuständigen Ärzten und Therapeuten. Meine Eltern ließen nichts unversucht und haben wahnsinnig viel ausprobiert. Mutti arbeitete immer weiter an ihrem akribischen Plan, der Übungen für sämtliche Fähigkeiten enthielt, die ich erst noch ent- beziehungsweise später weiterentwickeln sollte. Feste Uhrzeiten spielten dabei jedoch keine Rolle. Wichtig war, dass regelmäßig trainiert wurde. So wie sie das mit dem Greifen und Hören auch gemacht hatte, suchte Mutti nach Übungen für den Tastsinn, für die Feinmotorik, für den Muskelaufbau, für Bewegungskoordinierung – oder sie dachte sich dafür etwas aus.

Viel dazu beigetragen, dass ich schnell Fortschritte machte, haben auch Uschi und ihr Mann Marek. Sie wohnten nicht weit von uns entfernt. Durch das gute Verhältnis zu meinen Eltern waren sie ohnehin oft bei uns gewesen oder wir bei ihnen. Nach meiner Geburt wurde die Beziehung noch enger. Uschi und Marek waren immer da und trösteten meine Eltern, wenn sie zu traurig wurden oder wenn sie glaubten, sie würden es allein nicht schaffen, mich richtig großzuziehen. Wie sie hatten Uschi und Marek keinen Augenblick daran gedacht, mich zur Pflege in fremde Hände zu geben. Sie halfen, wo sie nur konnten.

Wie wichtig sie für meine Eltern waren, zeigte sich, als wir ein knappes Jahr bei ihnen wohnten. Ich war keine drei Monate alt, als wir vorübergehend bei ihnen einzogen. Es hatte schwere Konflikte mit den Eltern meines Vatis gegeben, mit denen wir anfangs zusammen in deren Haus lebten. Wir konnten dort nicht mehr bleiben und mussten von einem Tag auf den anderen ausziehen. Uschi und Marek nahmen uns sofort auf und räumten alles für uns so um, dass ich sogar ein eigenes kleines Zimmer bekam. Auf einmal hatte ich vier liebe Menschen um mich, die mich abwechselnd versorgten und sich mit mir beschäftigten. Ich glaube, ich habe unsere kleine Gemeinschaft sehr genossen. Auf den Fotos aus dieser Zeit sehe ich sehr glücklich aus.

Uschi, meine Grande Dame und inzwischen fast fünfundachtzigjährige Oma, ist eine feine Frau. Immer lässig-elegant gekleidet, Pagenkopf, gerade Haltung und wache Augen, obwohl sie leider immer schlechter sieht. Deswegen kann sie, trotz ihrer Liebe zur Literatur, nicht mehr so viel lesen wie früher. Aber damals las sie mir vor oder hielt mich im Arm, wenn wir klassische Musik hörten. Sie sagt, ich hätte dann immer einen ganz seligen Gesichtsausdruck bekommen. Mein Faible für die Musik, allen voran von Mozart, habe ich darum auch ihr zu verdanken. Uschi hat viel mit mir gesprochen und sich außer Märchen auch Fingerspiele ausgedacht. Es bei »Das ist der Daumen, der schüttelt die Pflaumen, der hebt sie auf, der trägt sie nach Haus, und der Kleine isst sie ganz alleine« zu belassen, war ihr wahrscheinlich selber zu langweilig. Sie ist sowieso sehr kreativ. Sie hat Collagen aus eigenen Fotos, Illustrierten- und Kalenderabbildungen und vielen anderen Materialien für mich gemacht und mich an Kunst herangeführt. Das passierte jedoch erst später, als ich größer war.

Als ich etwas älter als ein Jahr war, wurden meine Eltern von der humangenetischen Beratungsstelle in Buch gefragt, ob sie sich vorstellen könnten, anderen Eltern von Kindern mit Downsyndrom zu helfen und sie zu beraten. Mutti und Vati sagten sofort zu. Warum sollten andere Familien, die dasselbe Schicksal ereilt hatte, nicht von ihrem Wissen und ihrer Erfahrung profitieren? Die Treffen fanden entweder am Abend oder am Wochenende bei uns zu Hause statt. Zu der Zeit wohnten wir wieder in unserer alten Wohnung. Mutti und Vati versuchten den Eltern, die gerade selbst ein Kind mit Downsyndrom bekommen hatten, Mut zu machen. Weil sie von ihren eigenen Ängsten, Erfahrungen und Erfolgen berichten konnten, war das für die anderen oft eine große Hilfe. Sie konnten ja bei mir sehen, wie wichtig es ist, nicht aufzugeben, und vor allem, sich möglichst viel mit dem Baby zu beschäftigen. Ich habe selbst auch gemerkt, dass die Menschen sehr aufmerksam und nachdenklich sind, wenn ich heute zum Beispiel bei Podiumsdiskussionen erzähle, dass man Kindern mit Downsyndrom viel mehr zutrauen und ihnen mehr Chancen geben muss, damit sie selbstbewusster werden können.

Auch Mutti und Vati hat es sehr geholfen, mit Menschen zu sprechen, die ein Kind mit Downsyndrom hatten. Aus den damaligen Treffen bei meinen Eltern ging so manche langjährige Freundschaft hervor. So lernten meine Eltern Wagners und ihre kleine Tochter Grit kennen. Zu ihnen haben wir immer noch guten Kontakt, und Grit ist inzwischen eine meiner Kolleginnen beim Theater RambaZamba. Aber noch wichtiger als der Austausch war für Mutti und Vati die Beschäftigung mit dem Thema, das Einarbeiten in die Materie selbst. Aktiv zu werden und selbst etwas zu tun half ihnen, ihre große Verzweiflung zu überwinden und aus dem tiefen Loch herauszukommen.

Nach zwei Jahren fing Mutti wieder an zu arbeiten. Sie war Redakteurin bei der *Berliner Zeitung* und bekam ausnahmsweise eine halbe Stelle. Weil Mutti verständnisvolle Vorgesetzte hatte, konnte sie nach einem für sie maßgeschneiderten Zeitschema arbeiten: Für eine Woche übernahm sie eine volle Schicht (und zwar den Spätdienst) und hatte dafür in der darauffolgenden Woche frei. Hatte sie Dienst, musste sie erst nachmittags zur Arbeit und kam nachts zurück. Für mich war das wunderbar, denn Mutti ist ja dadurch sehr viel zu Hause gewesen und hatte Zeit für mich.

Bevor Mutti anfing, wieder bei der Zeitung zu arbeiten, versuchten meine Eltern, meine Betreuung zu organisieren. Oma Ilse, Vatis Mutter, war zunächst keine große Hilfe. Als Einzige in meinem Umfeld konnte sie meine Behinderung anfangs nicht einordnen und sagte immer: »Das verwächst sich noch.« Da Uschi und Marek trotz ihrer Flexibilität nicht alles auffangen konnten, bemühten sich meine Eltern um eine Tagesmutter. Die Suche war nicht einfach. Sie meldeten sich bei Frauen, die in der Zeitung inseriert hatten, später schalteten sie selber Anzeigen. Viele winkten gleich ab, als sie erfuhren, dass ich das Downsyndrom habe. Sie begründeten es oft mit Ausreden, wie zum Beispiel den räumlichen Gegebenheiten. Manchmal fanden meine Eltern die Bedingungen bei den Tagesmüttern nicht gut. Andere wiederum waren zunächst bereit, mich zu betreuen. Nachdem Mutti ihnen allerdings meinen Trainingsplan gezeigt hatte, erklärten sie, die Anforderungen seien zu groß, oder sie wollten so viel Geld zusätzlich haben, dass meine Eltern sie nicht bezahlen konnten. Eine einzige Tagesmutter kam eine Woche zum Probearbeiten. Sie brachte ihren kleinen Sohn mit, und meine Eltern hatten gehofft, dass er für mich ein Spielfreund werden könnte. Schon der erste Tag war so chaotisch, dass meine Eltern ihr absagten. Der Junge hatte in der Küche alles Mögliche kaputt gemacht. Und noch viel schlimmer: Mich versuchte er ohne Grund zu schlagen, ohne dass seine Mutter ihn daran hinderte. Oma Ilse hatte das alles beobachtet und mitbekommen, wie sehr ich weinte. Sie war ja schon Rentnerin und darum meist den ganzen Tag zu Hause. Am Abend sprach sie dann das erste Mal richtig mit meinen Eltern, seit ich geboren worden war, und bot ihnen an, sich ab und zu nachmittags, wenn Mutti arbeiten musste und Uschi oder Marek auch keine Zeit hatten, mit mir zu beschäftigen. Bald darauf besuchte auch mein etwas älterer Cousin Micha immer mal wieder für einige Tage oder Wochen Oma Ilse. Zusammen spielten wir in meinem Buddelkasten oder, wenn das Wetter schlecht war, in meinem Zimmer. Oder wir hörten zu dritt Platten, Märchen oder auch Musik. Dennoch war meine Beziehung zu Oma Ilse völlig anders als die zu Uschi.

Mit vier Jahren ging ich stundenweise in einen Kindergarten. Es war ein katholischer Kindergarten, ganz in der Nähe unserer Wohnung. Meine Eltern hatten sich vorher schon in verschiedenen Einrichtungen für Kinder mit Behinderung umgesehen. Die rissen sich um mich als Aushängeschild – weil ich schon so viel konnte. Meine Eltern entschieden sich aber, mich in einen normalen Kindergarten zu schicken. Sie befürchteten, nach dem, was sie in den Behinderteneinrichtungen gesehen hatten, dass ich mich nicht so weiterentwickeln würde wie bisher. Vati hatte schließlich den Pfarrer der katholischen Gemeinde in der Nachbarschaft gefragt, und der hatte gleich zugestimmt.

»Warum guckt die Frau mich dauernd an?«, fragte ich Uschi eines Nachmittags in der Straßenbahn, als sie mich vom Kindergarten abholte.

»Welche Frau meinst du?«, wollte sie wissen.

»Die in dem blauen Mantel, mit den blonden Haaren.«
Sie saß auf der anderen Seite des Gangs mit dem Rücken
zur Fahrtrichtung. »Sie schaut die ganze Zeit zu uns rüber.«

»Weißt du was, Sebastian? Da gehst du jetzt einfach
hin und fragst sie«, sagte Uschi. Gesagt, getan. Als die
Bahn an der nächsten Haltestelle stoppte, stand ich auf.

»Warum gucken Sie mich dauernd an?«

»Hab ich dich angeguckt?« Ihr war die Situation sicht-
lich peinlich.

»Ja, und ich will wissen, weshalb.«

»Mir ist gar nicht bewusst, dass ich direkt in deine
Richtung geschaut habe.« Dass das nicht stimmte, wusste
ich auch schon mit vier.

Doch nicht alle starrten mich so neugierig oder manchmal auch verstohlen an. Ganz im Gegenteil. Meine
Eltern haben mir von vielen freundlichen Begegnungen
und Reaktionen auf mich erzählt. Als ich knapp zwei-
einhalb Jahre alt war, machten wir uns zu fünft in
Mareks hellbraunem Skoda auf den Weg an die Ostsee.
Der Motor war bei diesem Auto hinten und der ziemlich
kleine Kofferraum vorne. Es passten gerade mal zwei
Koffer und eine Tasche hinein. Ich brauchte damals aber
noch etwas mehr: unzählige Windeln. Tagsüber ging es
zwar schon gut ohne, aber nachts klappte es mit dem
Töpfchen doch nicht so richtig. Zum Glück gab es in
dem Auto einen schmalen Zwischenraum hinter der
Rückbank. Der wurde bis auf den letzten Zentimeter für
die Unterbringung meiner Wegwerf-Windeln genutzt.

Diese Papierwindeln waren in der DDR schwer zu bekommen. Vor unserer Abreise wurden sie also gehamstert, denn Mutti und Uschi wollten nicht ständig waschen.

Für die zwei Wochen hatten wir eine Ferienwohnung im Haus einer Familie in Dreschvitz gemietet. Die ganze obere Etage eines schönen, reetgedeckten Hauses. Von dort aus machten wir Ausflüge oder waren am Strand. An einem Tag besuchten wir die Insel Hiddensee. Wir setzten mit einer Fähre über, die ähnlich aussah wie die weißen Spree-Dampfer in Berlin. Wir waren extra früh aufgestanden, denn man musste sich beeilen, um noch einen Platz auf dem Schiff zu bekommen. Das autofreie Hiddensee war nämlich damals schon ein beliebtes Ziel. Während der halbstündigen Fahrt von Schaprode nach Neuendorf spazierte ich an den Händen von Vati und Mutti übers Deck. Dort herrschte großer Trubel, und es gab eine Menge zu sehen: andere Kinder, ganz viele Möwen, die uns folgten, und immer wieder Segelboote und andere Schiffe.

Am Vormittag machten wir eine ausgedehnte Wanderung. Hiddensee ist nicht nur berühmt für seine Fischerdörfer, sondern auch für die Erika-Felder, die sich über die hügelige Dünenlandschaft erstrecken. Die wollten meine Eltern, Uschi und Marek unbedingt anschauen. Mit einem Sonnenhütchen saß ich in meinem Krückstockwagen, den alle so nannten, weil die Griffe gebogen waren, wie die eines Spazierstocks. Man konnte das blau-rote Wägelchen zusammenklappen, ähnlich wie die Buggys in Westdeutschland. Stundenlang ging es durch das lila Blütenmeer, die reinste Bienen- und Hummelweide, überall summte es. Zur selben Zeit wuchs auf Hiddensee der Sanddorn wie wild. Die Beeren leuchteten orange. Auf den Fotos von diesem Urlaub ist das leider nicht zu sehen, denn es gibt davon ja nur Schwarz-Weiß-Bilder. Aber meine Eltern schwärmen noch heute von den leuchtenden Farben. Dann muss ich immer an das eine Lied von Nina Hagen denken. Darin beklagt sie sich ja auch: »Du hast den Farbfilm vergessen, mein Michael, nun glaubt uns kein Mensch, wie schön's hier war.« Und damit meint sie tatsächlich Hiddensee, das kommt nämlich auch in dem Lied vor: »Hoch stand der Sanddorn am Strand von Hiddensee.«

Nach der Tour hatten wir richtig großen Hunger und kehrten in eine Gaststätte ein.

»Entschuldigen Sie, sind Sie heute Morgen nicht auch mit der Fähre von Rügen hergekommen?«, sprach die Kellnerin, die die Speisekarten gebracht hatte, Uschi an. Mutti war mit mir schnell zur Toilette gegangen, und Uschi sollte inzwischen die erste Getränkebestellung aufgeben. Alle waren durstig.

»Ganz richtig, Sie auch?« Die junge Frau nickte.

»Ich hoffe, ich trete Ihnen nicht zu nahe.« Fragend schaute Uschi sie an. »Ich habe Sie und Ihren Jungen beobachtet, und mir ist aufgefallen, was für ein aufgewecktes Kerlchen er ist.« Leicht errötend senkte sie den Blick.

»Nett, dass Sie das sagen. Sebastian bereitet uns wirklich sehr viel Freude, vielen Dank.«

»Dabei hatte ich schon befürchtet, Sie mit meiner Frage zu verärgern«, fuhr die Bedienung fort. »Wissen Sie, meine Schwägerin hat kürzlich ein mongoloides Mädchen bekommen und schämt sich. Bislang weiß es nur die Familie, und sie hat uns verboten, darüber zu sprechen ...«

»Das tut mir leid«, bedauerte Uschi. »Die Menschen sind nun mal verschieden, und jeder geht auf seine Weise mit Schicksalsschlägen um. Eine jüngere Kollegin meiner Tochter hat auch ein Kind mit Mongolismus. Sie hat die Kleine weggegeben, weil sie damit nicht zurechtkam. Inzwischen besucht sie sie ab und zu am Wochenende.«

»Wissen Sie, ich werde meiner Schwägerin von Ihrem Enkel erzählen. Vielleicht macht es ihr Mut«, sagte die Frau, nachdem beide einen kurzen Moment geschwiegen hatten.

»Machen Sie das. Sebastian ist trotz aller Sorgen, die wir uns machen, ein großes Geschenk. Sicher kostet es Kraft. Aber welches Kind ist in dem Alter nicht anstrengend? Er macht uns sehr glücklich und gibt uns so viel. Jeder Tag mit ihm zeigt uns, dass die Entscheidung, ihn zu behalten, goldrichtig war.«

ALS MIR DAS WASSER
BIS ZUM HALS STAND

Sebastian, du bist doch gern im Wasser.« Mutti und ich
saßen auf dem Holzsteg unserer Datsche in Prieros
südöstlich von Berlin. Die Sonne schien. »Schwimmen
macht wirklich Spaß, weißt du?«

Ich blickte auf die glitzernde Oberfläche des Sees. Es
ging ein leichter Wind. Sanft bewegte sich der breite
Schilfgürtel, einzelne Seerosenblätter tänzelten auf den
Wellen. Auf der gegenüberliegenden Seite legten zwei
Leute mit ihrem Boot an.

»Komm zu mir ins Wasser, Sebastian. Ich halte dich«,
riss mich Vati aus meiner Beobachtung der flinken kleinen Plätscherwellen. Er stand unterhalb von Mutti und
mir auf der Leiter. »Na, was ist?«

»Diese Leichtigkeit, wenn das Wasser einen trägt, ist
ein schönes Gefühl«, fuhr Mutti nach einer kurzen Pause
fort. »Man kann sich richtig drauflegen, als würde man
schweben.«

»Sebastian, komm schon rein.« Vati streckte mir
seine von der Sonne gebräunten Arme entgegen. Im
Gegensatz zu ihm trug ich Schwimmflügel in Signal-

orange. Es war der Sommer 1983, ich war im Frühling fünf geworden.

»Du möchtest doch irgendwann mit uns zusammen schwimmen. Geh doch zu Vati ins Wasser, er hält dich.« Mutti streichelte ein wenig meine Schulter und bewegte ihre Füße im kühlen Nass.

»Nee, ich möchte nicht.«

»Lass doch einfach mal wie Mutti die Beine runterhängen, und streck die Zehen ins Wasser«, forderte Vati mich auf, denn ich saß wie immer im Schneidersitz.

»Nein, ich mach das nicht.« Ich hatte einfach keine Lust und wollte nichts Anstrengendes machen. Schwimmen lernen wollte ich in dem Moment schon gar nicht.

»Los, Sebastian, stell dich nicht so an.« Vati sah mich auffordernd an, während Mutti sich erhob, in ihre Schuhe schlüpfte und den Steg verließ. Uschi hatte nach ihr gerufen.

»Nun komm, die Leiter runterzusteigen ist nicht zu viel verlangt. Das hast du doch schon mal gemacht.« Sollte ich wirklich?

»Sebastian …« Nun hatte sich auch der Ton von Vatis Stimme verändert. »Ich warte.« Ich merkte ihm an, dass er langsam ungeduldig wurde.

»Sei doch so gut, und komm endlich ins Wasser!« Das war fast schon ein Befehl. Na gut, dachte ich, aber keinen Schritt weiter. Vielleicht lässt er mich ja dieses eine Mal in Ruhe? Außerdem haben wir heute schon trainiert.

»Sebastian, nun mach schon!«

»Ja … Ich komm ja schon«, murmelte ich.

Zögernd stand ich auf und fühlte die Wärme des Stegs unter meinen Fußsohlen. Dann machte ich einen Schritt zur Leiter und drehte mich ganz langsam um, bis ich mit dem Rücken zum See stand. Als Nächstes schaute ich nach links und nach rechts, damit ich die Enden der Leiter auch gut zu fassen bekam. Aus dem sicheren Stand heraus setzte ich zuerst den linken Fuß auf die oberste Sprosse, dann den rechten, wobei ich mich an der Leiter festhielt. Das Wasser war gar nicht so kalt, wie ich vermutet hatte.

»Na, das ist doch prima! Super, Sebastian.« Ich machte schnell einen Schritt zurück nach oben, um wieder auf den sicheren Steg zu gelangen.

»Nichts da, weiter. Du hast noch ein paar Sprossen vor dir.« Vati umschloss mit seinen Händen meine Fußgelenke. Da stand ich nun wie festgenagelt. Und das Ganze begann quasi von vorn. Zuerst beschrieb Vati, wie es ist, die Leiter weiter runterzusteigen. Wie üblich erwähnte er, wie toll es ist, die Beine wie ein Frosch zu bewegen. Ich blieb aber auf der ersten Sprosse stehen. Als sich der Ton von Vatis Stimme erneut verschärfte, klammerte ich mich fest an die Holme. In weiser Voraussicht, denn mit einem »So, jetzt kommst du rein« sammelte Vati mich von der Leiter, und ich war im Wasser. Ich brüllte wie am Spieß und heulte, so laut ich konnte. Dabei machte ich mich steif wie ein Brett. Und was machte Vati? Er blieb mit mir im Arm einfach im Wasser stehen, während ich weiterbrüllte.

»Sebastian, es reicht mir langsam!«, fuhr Vati mich nach einiger Zeit an. »Genug Theater gespielt. Lass uns anfangen!«, woraufhin ich noch lauter schrie.

»Hörst du endlich auf!« Vatis Stimme hatte nicht nur an Schärfe gewonnen, sondern war jetzt auch lauter geworden. Ich brüllte noch lauter.

»Verdammt nochmal, Sebastian! Gibst du jetzt bitte Ruhe?«

»Kinderquäler!«, schallte es auf einmal vom gegenüberliegenden Seeufer zu uns herüber, woraufhin Vati nahezu unmerklich zusammenzuckte.

»Siehst du, die Nachbarn beschweren sich bereits«, herrschte er mich an. Aber ich brüllte weiter. Auch dann noch, als Uschi angelaufen kam.

»Rainer, das könnt ihr mit dem Kind doch nicht machen«, übertönte sie mein lautes Heulen.

»Uschi, wir haben schon hundertmal erklärt, dass Sebastian schwimmen lernen muss. Du weißt doch, wie schnell kleine Kinder sind.« Ich liebte es zu der Zeit, mich blitzartig im Wald hinter Bäumen zu verstecken, damit Vati mich suchte. Manchmal dauerte die Suche ganz schön lange.

»Ich weiß, Rainer«, pflichtete Uschi ihm bei.

»Ich möchte nicht wissen, welche Vorwürfe wir uns machen, wenn Sebastian ins Wasser fallen sollte und einmal keiner dabei ist.«

Vor einem Jahr war nämlich genau das passiert. Ich war tatsächlich ins Wasser gefallen. Meine Eltern und ich hatten an einem Samstagmorgen auf dem Steg gefrühstückt, wie wir es bei schönem Sonnenschein bis heute gerne tun. Ich saß auf meinem Lieblingshocker, den Vati für mich gebaut hatte, auf der Seite des Geländers, mir gegenüber meine Eltern auf kleinen zusammenklappbaren Gartenstühlen mit Alurahmen und blauer Stoffbahn. Zwischen uns stand ein niedriger Tisch. Darauf waren die Teekanne, meine große Kakaotasse, Brötchen, Marmelade und natürlich auch mein Nudossibecher. Der durfte bei keinem Frühstück fehlen. Zu Muttis Füßen stand das Kofferradio, und wir hörten das Morgenmagazin des SFB. Für das Frühstück nahmen sich meine Eltern schon immer viel Zeit, und wir saßen entspannt zusammen. Dann ging alles plötzlich sehr schnell. Ich weiß nicht mehr genau, wie es passierte, vielleicht wollte ich mich anlehnen, nachdem ich mein Brötchen aufgegessen hatte. Jedenfalls fiel ich rückwärts durch den Zwischenraum von Steg und Knieholm. Platsch!

»Was ist jetzt los?«, ging es mir durch den Kopf. Das Einzige, was ich im frischen grünen Wasser wahrnahm, waren die Schlingpflanzen und der Schlamm. Noch bevor ich den Grund des Sees erreichte, hörte ich einen Riesenknall, dann spürte ich zwei kräftige Arme, die mich hochzogen.

Das Ganze passierte innerhalb eines Sekundenbruchteils. Vati sprang in einer panischen Bewegung blitzartig von seinem Platz auf. Der Tisch fiel dabei um, sein Stuhl lag jetzt im See. Nun stand er in triefenden Sachen bis zum Bauchnabel im Wasser und streckte Mutti ein schreiendes Bündel von Sebastian entgegen. Sie nahm mich ihm ab, und zusammen gingen wir in unsere Hütte, wo Mutti mich abtrocknete und ich von beiden getröstet wurde.

Der Schreck saß nicht allzu tief, und ich hatte mich schnell wieder beruhigt. Meine Eltern erklärten sich das damit, dass ich keine Angst vor Wasser hatte, weil ich es schon immer gemocht und noch nie schlechte Erfahrungen damit gemacht habe. Von unserem Urlaub auf Rügen knapp zwei Jahre zuvor, im September 1980, gibt es Bilder von uns allen am Strand und von mir als kleinem Knirps mitten im großen Meer. Aus dem flachen Wasser am Strand war ich wohl kaum herauszubekommen. Nach meinem Sturz in den Prieroser See stand für meine Eltern also fest, dass ich so schnell wie möglich schwimmen lernen sollte.

Noch im selben Sommer begannen Mutti und Vati damit, es mir beizubringen. Das »Trainingsprogramm«, das sie sich ausgedacht hatten, war umfangreich. Ich lag häufig bäuchlings auf Vatis Unterarmen, und Mutti, die direkt neben ihm im Wasser stand, führte mit meinen Armen oder Beinen die typischen Schwimmbewegungen aus. Dadurch sollte ich mir den Ablauf einprägen, bis mein Körper das Ganze irgendwann automatisch machen würde. Wir übten in der Badebucht von unserer Nachbarin Nell, deren Grundstück direkt an unseres grenzte. Dort wuchs zwar auch Schilf, aber man konnte vom Seeufer einfach ins flache Wasser hineinlaufen, was ich oft und gerne gemacht habe. So entwickelte ich schnell ein sicheres Gefühl. Denn meine Eltern hatten gleich erkannt, dass der Steg mit seiner Leiter eine Hürde für mich war.

Von dort aus erhielt ich aber »Anschauungsunterricht«. Das heißt, meine Eltern schwammen unmittelbar vor dem Steg in der Bucht. Während ich zuguckte, erklärten sie mir, was sie gerade vormachten.

Natürlich musste ich auch weiter trocken üben. Das machte ich manchmal im Liegen auf dem Steg, entweder auf dem Bauch oder auf dem Rücken. Manchmal hielt Vati mich auf seinen Oberschenkeln, während er auf einer Bank oder einem Stuhl saß. Das war natürlich viel besser, als einfach nur auf dem Steg liegend zu üben.

Dieses Training war bei jedem Aufenthalt in Prieros Programm – vormittags und nachmittags. Wir waren im Sommer fast jedes Wochenende dort. Ich weiß nicht, wie oft und vor allem wie lange sie mir gut zuredeten, wie oft meine Eltern mich damit lockten, anschließend ein Märchen zu erzählen oder gemeinsam Verstecken zu spielen. Ich habe auch keine Ahnung, wie häufig Vati sagte: »Das müssen wir jetzt durchziehen«, oder wie oft mich alle an meinen Sturz vom Steg erinnerten, mir erklärten, dass ich hätte ertrinken können.

Meinen ersten richtigen Schwimmerfolg – mit sechs konnte ich zwischen Mutti und Vati in der Bucht von Nell hin und her paddeln und ein paar Züge machen – hatte ich nach etwa drei Jahren harten Trainings. Mit sieben war es so weit: Ich schaffte es, vom Steg aus die Ein- beziehungsweise Ausfahrt durch den breiten Schilfgürtel und die Seerosen hin- und zurückzuschwimmen.

Und ich traute mich sogar noch ein kleines Stückchen darüber hinaus. Endlich fühlte ich mich stark und sicher beim Schwimmen, meine Arme und Beine wurden nicht mehr so schnell müde und schlapp, und ich schluckte kein Wasser mehr.

Wesentlich dazu beigetragen hat das orthopädische Schwimmen, an dem ich mit Mutti oder Vati, seit ich sechs war, teilgenommen habe. Die Gruppe bestand aus fünf Kindern mit jeweils einem Elternteil. Der Physiotherapeut erklärte, welche Bewegungen wir Kinder machen sollten. Wir bekamen mal Schwimmbretter, mal mussten wir mit Schwimmgürteln aus Kork trainieren, die uns um den Bauch gebunden wurden.

Eigentlich gingen meine Eltern eher aus medizinischen Gründen wie Körperhaltung und Muskelaufbau mit mir dorthin. Wichtig war jedoch auch, dass ich während der kühlen Jahreszeit nicht vergaß, was ich den Sommer über gelernt hatte. Manchmal kam es sogar vor, dass ich etwas nicht mehr konnte, wenn wir wegen schlechten Wetters nur ein oder zwei Wochenenden nicht nach Prieros gefahren waren. Trotz der Trockenübungen zu Hause. Bereits Gelerntes war schnell wieder weg, verloren, wenn ich es nicht üben konnte – zum Beispiel, wenn ich mal krank war. Und etwas aufzuholen war immer schwer, nervig und machte mich ärgerlich: wieder alles von vorne, ewig alles wiederholen. Das war langweilig und machte wenig Spaß. Da war es logisch, dass meine Eltern Kontinuität reinbringen wollten. Mit dem regelmäßigen Üben kam irgendwann die Sicherheit, die alles veränderte.

»Sebastian!«, vernahm ich eines Sonntagabends Muttis Stimme von weitem. »Kommst du bitte zurück?« Das tiefe Blau des Himmels nahm bereits eine zart violette Färbung an, während ich mich nicht von meinem Weg abbringen ließ. Ich sah mich nicht mal um.

»Sebastian, wir wollen fahren!« Auch von Vati ließ ich mich nicht beirren und genoss das gleichmäßige Plätschern des Wassers, das bei jedem Zug zu hören war. Hier im klaren Seewasser zu schwimmen war viel schöner als in der Schule, wenn wir mit der Klasse Schwimmunterricht in einem Schwimmbad hatten. Ich besuchte inzwischen die zweite Klasse und konnte meinen Mitschülern stolz zeigen, wie man schwimmt, auch wenn ich das Chlorwasser gar nicht mochte und meine Augen davon immer ganz rot wurden.

»Sebastian!«, tönte es ein drittes und letztes Mal, diesmal riefen meine Eltern gemeinsam nach mir. Die Betonung lag auf dem A und das Ausrufezeichen war nicht zu überhören.

Natürlich hatte ich ihre Mahnung im Hinterkopf, nicht schwimmen zu gehen, ohne Bescheid zu sagen, und mich vor allem nicht zu weit auf den See hinauszuwagen – denselben Weg müsste ich ja wieder zurückschwimmen. Wie vereinbart, hatte ich vor meiner Aktion meine Schwimmflügel angezogen. Die steckten griffbereit auf einem Holm der Leiter am Steg. Außerdem konnte mir meine Kraft einteilen. Das hatte ich gelernt, da meine Eltern mich beim Schwimmen oft genug mit dem Ruderboot begleitet hatten, sollte ich nicht mehr können oder einen Krampf bekommen. Dabei vergewisserten sie sich beide in regelmäßigen Abständen, ob es noch ginge. »Ich kann noch«, hatte ich bislang jedes Mal erwidert. Eine Rettungsaktion war darum zum Glück nie nötig geworden, was mir bei meiner Seedurchquerung im wahrsten Sinne des Wortes Auftrieb gab.

»Da bist du ja endlich«, nahm mich Vati in Empfang, als ich unseren Steg wieder erreicht hatte. Meine blau-weißen Latschen standen bereit, und er streckte mir meinen Bademantel entgegen. »Jetzt aber schnell, das Auto ist schon lange gepackt, und wir wollen die Hütte abschließen.«

»Endlich, Sebastian. Du hast ja ganz blaue Lippen!« Mutti rubbelte meine Haare trocken. »Du bist ja völlig unterkühlt.«

»Kann nicht sein. Mir ist gar nicht kalt.«

»Ja, ja. Ich höre doch, wie deine Zähne klappern, mein Sohn«, erwiderte Mutti. Beiden sah ich an, wie stolz sie auf mich waren. Nie vergessen werde ich ihren Jubel, als ich erstmals zum anderen Ufer des Sees geschwommen bin. Sie so glücklich zu sehen hatte mich wiederum happy gemacht. Ebenso waren zuvor manchmal Uschi oder Nell angerannt gekommen und hatten gesagt: »Das ist ja toll! Zeig doch mal, wie du das gemacht hast.« Oder: »Ich habe noch nicht gesehen, wie du das und das hinbekommst.« Teilweise ertönten Jubelrufe, wenn ich die Einfahrt zum Steg nahm. Manchmal war es auch ein richtiges Siegesgeschrei, das sicher noch bei den Nachbarn zu hören war.

Wie wichtig es ist, dranzubleiben, wussten Mutti und Vati nur zu gut vom Dreiradfahren. Das hatten sie mir im Alter von drei Jahren beigebracht. Auch das war eine Tortur für beide Seiten gewesen. In mir sträubte sich alles, sobald einer von ihnen die Kellertür öffnete und mein Dreirad herausholte. Sein Rahmen war aus Holz und die Radkappen waren rot, der Sattel und die Griffe aus weißem Kunststoff. Die Einfahrt zu unserer Doppelhaushälfte war damals noch nicht gepflastert, so dass wir zum Üben auf den Gehweg ausweichen mussten. Einer von beiden setzte mich dann auf mein Gefährt und gab in den ersten Wochen darauf acht, dass ich nicht herunterfiel. Der andere, meist Vati, hockte oder kniete sich neben mich auf den Boden, umfasste mit der einen Hand meinen rechten oder linken Fuß sowie die Pedale und bewegte beides kreisförmig.

»Guck mal, Sebastian, du musst dein Bein einfach nur runterdrücken. Probiere es mal ohne mich« und so weiter, stundenlang und unermüdlich, bis ich es konnte. Der ganze Prozess dauerte zwar Monate, doch dann wollte ich gar nicht mehr vom Dreirad absteigen.

Auch hier hatte es viel Geschrei und lautstarken Protest gegeben, denn anfangs wurde ich wie auf der Leiter am Steg bockig. Das heißt, erst wurde ich nur langsamer, verharrte dann ganz in der Bewegung und saß einfach nur noch stumm da. Manchmal flossen sogar Tränen. Das war der Punkt, wo meine Eltern ihre Bemühungen einstellten. Ab und zu wechselten sie sich ab, wahrscheinlich dann, wenn einen von ihnen der Mut verließ oder die

Nerven an dem Tag dünner waren als sonst. Mutti war in der Regel die geduldigere, wobei sie mich nicht weniger schonte als Vati. Es klappte nicht alles reibungslos, doch locker ließen meine Eltern nur selten. Zum Glück.

»So, Sebastian, hier sind zwei Kugeln. Jetzt schiebe ich noch zwei dazu.« Mit ihrer rechten Hand bewegte Mutti an der Tafel in meinem Zimmer zwei blaue murmelgroße Holzkugeln von einer Seite zur anderen. »Wie viel ist zwei plus zwei?«

Es war ein sonniger Samstagnachmittag Ende September, und ich ging bereits in die zweite Klasse der Hilfsschule II in Niederschönhausen. Mit acht war ich dort 1986 eingeschult worden, nachdem ich zuvor ein Jahr in die dazugehörige Vorschule gegangen war.

»Schau mal, eins, zwei. Und noch mal zwei dazu. Wie viele Kugeln sind das?«, wiederholte Mutti. Und nach einer Pause: »Du kannst doch zählen: eins, zwei, drei, vier.«

Meinen Blick hielt ich die ganze Zeit auf die Kugeln gerichtet, während wir nebeneinander vor der Tafel rechts vom Fenster standen. Wegen der Wärme hatten wir es weit geöffnet, und ich hörte, wie Vati unten im Garten den Rasen mähte. Es war eine elektrische Höllenmaschine mit einer gelben Abdeckung, die ohrenbetäubenden Lärm machte. Damals stellte ich mir vor, darin säße jemand wie im Führerhaus eines LKW, der den Rasen fraß. Die Lüftungsschlitze des Gehäuses waren in meiner Phantasie die Sehschlitze.

»Sebastian, sag doch mal, wie viel das ist. Gib mir mal deine Finger.« Wortlos reichte ich ihr meine Hand. »So. Eins, zwei, drei, vier. Wie viel ist das?«

Ich konzentrierte mich weiterhin auf die Kugeln. Insgesamt vierzig Stück, die in Zehnerreihen unterhalb der dunkelgrünen Schreibfläche aus Kunststoff angebracht waren. Ganz oben hingen die Blauen, dann kamen die Roten, die Grünen und die Gelben. Vati sagte dazu »russischer Taschenrechner«, denn sie erinnerten ihn an die Kugeln der hölzernen Rechenmaschinen, die neben den elektrischen Registrierkassen in der ehemaligen Sowjetunion standen. Nach jeder Geschäftsreise dorthin erzählte er verwundert, dass die Kassierer den Zahlungsbetrag manuell mit Hilfe der Kugeln ausrechneten und das Ergebnis dann in die Registrierkasse eintippten.

»Sebastian?! Mach doch mal mit«, Mutti in ihrem hellen geblümten Sommerkleid wechselte das Standbein. »Wie viel ist zwei und zwei?« Schlack, schlack, schlack. Der Taubenschwarm des Nachbarn hatte seinen Schlag zum zweiten Mal an diesem Tag verlassen und flog draußen vorbei.

»Sieben?«

»Nicht raten, Sebastian.« Mutti griff wieder nach meiner Hand, legte meinen Zeigefinger auf die Kugeln und verschob sie. »Guck mal, eins, zwei, drei, vier ...«

Mir entwich ein Seufzen.

»Wie viele Kugeln sind zwei plus zwei, Sebastian?« Sie ließ nicht locker. Starr hielt ich den Blick auf die Tafel gerichtet. Eigentlich hatten wir schon längst Kaffee trinken wollen. Meine Lieblingskassette von Reinhard Lakomy, *Mimmelitt, das Stadtkaninchen,* musste auch noch warten.

»Du lernst es wohl nicht mehr«, platzte es plötzlich aus Mutti heraus. Dann knallte die Tür ins Schloss. Es war Ruhe.

Durch das geöffnete Fenster bekam ich noch mit, wie der Rasenmäher verstummte und Mutti mit Vati redete.

»Es wird schon, Bettina.« In dem Moment legte er wahrscheinlich tröstend einen Arm um sie. »Du weißt ja, wie es ist. Wir müssen Geduld haben und weitermachen.« Was Mutti sagte, konnte ich nicht verstehen, denn die Tauben kehrten zurück in ihren Schlag.

»Entspann dich, es wird alles kommen.« Anschließend ertönte wieder der Rasenmäher, und ich schloss das Fenster, um endlich meine Kassette zu hören.

Der Rekorder stand auf meinem Schreibtisch unterhalb des Fensters. Ich setzte mich im Schneidersitz auf den Boden, das ist heute noch mein Lieblingsplatz. Links von mir lag der große kuschelige Eisbär, direkt daneben saßen der riesige braune Plüschaffe mit dem lustigen Gesicht, der knuddelige Kragenbär und meine Puppe Julius, die Uschi für mich gestrickt hat. Julius hat einen schlaksigen Körper mit langen Beinen aus blauer Wolle mit orangefarbenen Ringeln, rote Strubbelhaare und schwarze Knopfaugen. In der Ecke gegenüber der Tafel stand mein Schaukelesel. Ich hörte Reinhard Lakomy zu, der das Lied vom Stadtbaum sang, das ich besonders gern mochte: »So mancher Baum in unsrer Stadt/

hat seine Zeit auf Erden satt./Die Luft ist voll Motoren-
mief/und keine Wurzel reicht so tief/dass sie aus hellem
Wasser trinkt./Ein Baum, der uns doch Freude bringt./
Wir brauchen ihn mit jedem Blatt,/es braucht ihn eine
ganze Stadt./Er soll nur immer geben,/doch wovon soll
er leben?«

Mein Blick wanderte zur Regalwand gegenüber von
meinem Bett. Neben meinen Büchern stand allerhand
Kleinkram. Mein großes Holzauto, die Eisenbahn, meine
Bausteine sowie meine Spielzeugautos. Manche waren
sogar von Matchbox. Einen Teil hatte mir mein Opa
Gerhard aus Syrien mitgebracht, wo er einige Zeit in
der DDR-Botschaft gearbeitet hatte. Die anderen Autos
bekam ich von Verwandten aus Hamburg und Westber-
lin geschenkt. Komplettiert wurde mein kleiner Fuhr-
park von Oldtimern und »Erbstücken« von Mutti und
Vati.

Mimmelitt, das Stadtkanichen hatte ich fast zu Ende
gehört, als es an meiner Tür klopfte.

»Sebastian, kann ich reinkommen?«, hörte ich Muttis
Stimme. Einen Spaltbreit öffnete sich die Tür, und sie
steckte ihren Kopf ins Zimmer. »Darf ich?« Ich nickte,
und Mutti ließ sich neben mir auf dem Boden nieder.
Dann nahm sie mich in den Arm.

»Es tut mir leid, Sebastian«, sagte Mutti leise und
streichelte mich. »Ich wollte nicht laut werden. Und wir
lernen das schon noch gemeinsam, ja?«

»Gut.«

»Auch wenn es heute mit dem Rechnen nicht geklappt

hat, habe ich dich sehr, sehr lieb, weißt du?« Eine Weile saßen wir noch so da. »Und jetzt trinken wir Kaffee.«

»Das machen wir«, erwiderte ich.

Meine Traurigkeit war noch nicht ganz verflogen, als wir zusammen die Treppe hinuntergingen. Denn ich fand es ja auch schade, dass es nicht geklappt hatte. Pablo Pineda konnte schon mit vier Jahren lesen. Lesen konnte ich ja auch recht schnell, vielleicht, weil ich nicht immer nur etwas vorgelesen bekommen wollte, sondern alleine alles lesen wollte, was mich interessierte. Aber mit dem Rechnen wollte es eben leider nicht so schnell funktionieren.

ES MACHT KLICK

Ich möchte unbedingt zu Brecht und seiner Helene«, rief ich. Der Dramatiker und seine Frau sowie die anderen auf dem Dorotheenstädtischen Friedhof begrabenen Schriftsteller waren der eigentliche Grund, warum ich mit meiner Großtante Gerdi hergekommen war. Ich hatte zu Hause Schallplatten mit Liedern und Gedichten von Brecht. Die mochte ich sehr. Und auch die Geschichte vom Kreidekreis, in der sich zwei Frauen um ein Kind streiten und darum, welche von beiden die echte Mutter ist. Bestimmt hat das mit dem Besuch des Wohnhauses von Ernst Busch zu tun, ein Schauspieler und Sänger, der unter anderem den Moritatensänger in einer Verfilmung der Dreigroschenoper spielt. Im Busch-Haus war ich mit Uschi öfter, denn es steht ganz in der Nähe ihrer Wohnung. Uschi hatte eine Schallplatte von Gisela May, die Lieder mit den Texten von Brecht sang. Natürlich wollte ich dann auch mehr über Brecht erfahren.

»Na dann los. Da vorne müssen wir nach rechts, und dann kommen die Gräber auch schon gleich links«, sagte Gerdi nach wenigen Metern.

Ich konnte es kaum erwarten, das Grab der Brechts zu sehen, und beschleunigte meinen Schritt. Auf den Ausflug mit Gerdi – sie ist die Zwillingsschwester von Muttis Vater Gerhard – hatte ich mich schon die ganze Woche gefreut. Wir haben immer eine Menge Spaß miteinander. Es ist spannend mit ihr, weil sie so viel weiß, egal, ob es Gegenwart oder Vergangenheit betrifft. Sie kennt eine Menge Künstler, manche sogar persönlich. Und zu jedem kann sie eine Geschichte erzählen. Manchmal singt sie lustige Lieder oder sagt Verse auf, die gerade zur Situation passen.

Obwohl es Ende April und schon recht warm war, trug Gerdi eine selbstgehäkelte rote Kappe und passend dazu eine Kette aus derselben Wolle. Gerdi hat früher freiberuflich als Grafikerin für die *Berliner Zeitung* und für verschiedene Verlage gearbeitet. Wie Uschi ist sie sehr kreativ. Oft fertigte sie für mich Linolschnitte an, manche der Bilder hingen in meinem Zimmer. Gerdi schnitzte auch und brachte von Waldspaziergängen knorrige Zweige und Wurzeln mit, die aussahen wie Figuren, oder sie fertigte kleine Kunstwerke aus Keramik an.

Im hellen Frühlingslicht kniff sie ihre wachen Augen etwas zusammen. Die Sonne schien durch das noch zarte frische Grün der Birken auf uns herab, und die weißen Stämme der Bäume strahlten regelrecht. Auf manchen Gräbern blühten die ersten duftenden Maiglöckchen, dazwischen weiße Rhododendronbüsche. Die vielen Spatzen zwitscherten aufgeregt und hüpften von Zweig zu Zweig. Kurz nach unserer Ankunft auf dem Friedhof hatte

Gerdi mir einen Eichelhäher unter einem Strauch gezeigt. Eine Seltenheit, denn normalerweise ist die »Polizei des Waldes« nur zu hören, da sie die anderen Bewohner warnt, wenn sich Menschen nähern. Es war ein ziemlich großer Vogel, und seine blauen Federn leuchteten.

»So, da wären wir.«

Vor einem großen, mit gelben und lila Stiefmütterchen bepflanzten Rechteck blieben wir stehen. Hinten und an der linken Seite begrenzte eine hellrote Backsteinmauer mit einem Sims aus dunkelgrauem Gestein die Grabstelle. Den Rest umgab ein kniehohes Steinmäuerchen.

»Enttäuscht?«, fragte Gerdi, die mich aufmerksam beobachtete.

»Es passt, finde ich«, antwortete ich ihr nach kurzem Überlegen. Ich lief das Mäuerchen entlang, um einen genauen Blick auf die grauen, ganz leicht bemoosten Grabmale zu werfen. Die Granitsteine schienen nicht bearbeitet worden zu sein. Sie sahen aus, als hätten sie irgendwo in der Landschaft herumgelegen und wären zufällig gefunden und eingesammelt worden. Der von Helene Weigel-Brecht lag links und sah aus, als würde er in die Ecke der Backsteinmauer gelehnt ruhen. Er war zwar breiter, aber nicht so hoch wie der von Bert Brecht. In weißen, schnörkellosen Buchstaben stand jeweils nur der Name darauf, kein Datum. Neben dem Stein von Helene Weigel stand eine weiße Vase mit weißen, schon etwas verwelkten Rosen. Bertolt Brecht war mit irgendeiner komischen weißen Topfpflanze bedacht worden.

Das nächste interessante Grab, vor dem wir hielten,

war das von Anna Seghers. Oben auf dem nur wenig bearbeiteten mokkafarbenen Marmorstein stand in schwarzer Schrift noch Netty Radvanyi, geborene Reiling. Kein Gemeinschaftsgrab, sondern der Geburtsname der Schriftstellerin, erklärte mir Gerdi. Auf dem Stein hatte jemand zwei größere Kiesel abgelegt. Solche Steine symbolisieren Wünsche für die Verstorbenen, wie ich vorher schon von Gerdi gelernt hatte. Auf den Grabstellen von Brecht und seiner Frau hatten auch ein paar kleine Steinchen gelegen.

»19. 11. 1900 in Mainz, in Berlin 1. 6. 1983«, las ich laut vor.

»Ich hatte ganz vergessen, dass die Seghers doch recht alt geworden ist«, sagte meine Großtante.

»Echt? Wie alt war sie denn?«

»Na rechne es doch aus, Sebastian. Wie viel ist 83 minus null?«

»Wenn man also gar nichts abzieht? Bleibt das dann 83?«, fragte ich vorsichtig.

»Genau! 83 ist richtig.« Gerdi strahlte mich an. Ich strahlte zurück.

»Weiter. Welcher Schriftsteller kommt als Nächstes?«

»Arnold Zweig. Geradeaus, dann rechts und wieder rechts, glaube ich.«

»10. 11. 1887 bis 26. 11. 1968.« Das war schon schwieriger, aber ich lag wieder richtig: »Arnold Zweig wurde 81.«

»Fast so alt wie Anna Seghers. Und Zweigs Frau Beatrice?« Gerdi ließ nicht locker.

»10.11.1892 bis 14.10.1971. Beatrice Zweig wurde 78.«

»Toll, Sebastian, ich bin stolz auf dich.«

»Willst du wissen, wie ich das mache?«

»Ja sicher! Ich habe nur gesehen, dass du deine Finger benutzt hast.«

Ich erklärte Gerdi meine Rechenmethode, die eigentlich nichts anderes war als das, was Mutti mit mir an meiner Tafel mit den Rechenkugeln geübt hatte. Zuerst zählte ich in Zehnerschritten den Abstand zwischen Geburt und Tod. Für jeweils zehn Jahre ein Finger. Dann zählte ich die Anzahl der Finger zusammen und merkte mir das. Das waren die Jahrzehnte. Nun kamen die restlichen Jahre einzeln dazu. Natürlich wieder mit meinen Fingern – das waren in der zweiten Runde keine Zehner mehr, sondern jeder zählte für sich nur eins. So rechne ich heute immer noch, das klappt super.

Der letzte Schriftsteller, dessen Grab wir besuchten, war Heinrich Mann. Auf einer weißen, etwa hüfthohen von Rhododendron, Eibe und Efeu umrankten Säule stand sein Konterfei, in Bronze gegossen. Ich hatte gedacht, er würde seinem jüngeren Bruder ähnlicher sehen. Am Fuße der Säule lehnte eine Tafel, die an seine »tapfere Lebensgefährtin« Nelly, geborene Kröger, erinnerte. Heinrich Mann wurde 78, er starb kurz vor seinem 79. Geburtstag, seine Frau wurde nur 46 Jahre alt.

Auf dem Weg zu den Philosophen – Johann Gottlieb Fichte einschließlich seiner Frau Johanna Marie, geborene Rahn, sowie Hegel, wobei bei Letzterem kein Datum angegeben war – machten wir halt am Grab der Widerstandskämpfer gegen den Nationalsozialismus. Gerdi hatte mir alles über sie erzählt. Auch deren Alter rechnete ich auf Anhieb richtig aus. Mathe machte mir nach sechs Jahren Schule auf einmal Spaß, wer hätte das gedacht?

Entsprechend groß war die Freude meiner Eltern, nachdem Gerdi mich mit der Straßenbahn wieder nach Hause gebracht hatte. Bei Mutti kam noch Erleichterung hinzu, da sie nach den vielen zuvor gescheiterten Rechenversuchen ganz schön zerknirscht gewesen war. Meine Ergebnisse waren mehr oder weniger Zufallstreffer gewesen, eigentlich nur geraten und nicht gerechnet. Mit der Tür geknallt hatte sie nicht nur das eine Mal, wenn sie entnervt aufgeben musste, weil ich auf stur stellte und einfach nicht weiterkam. Vati kommentierte das immer spaßeshalber mit »Lass die Tür ganz«, aber ich wusste, dass Mutti wirklich sauer und genervt war.

Doch nun konnte ich rechnen, worüber ich sehr glücklich war. Bis heute ist es für mich jedoch schwierig, Zahlen miteinander zu multiplizieren oder auch zu teilen. Ich ärgere mich immer noch sehr darüber, dass ich bestimmte Aufgaben einfach nicht lösen kann – nach so vielen Jahren. Und das, obwohl ich mindestens so lange und intensiv geübt habe wie beim Schwimmen. Meine Eltern trösten mich dann und sagen, dass ich dafür viele andere Dinge weiß, die sich niemand so gut merken kann wie ich und über die niemand so viele Einzelheiten weiß. Das stimmt ja auch. Über Pharaonen und Könige, über viele Ereignisse in der Geschichte oder über das Leben von Künstlern weiß ich so viel, dass alle anderen oft passen müssen, weil sie davon noch nie etwas gehört haben oder sich die Geschichten im Detail nicht behalten haben.

Ich weiß nicht, warum der Knoten gerade damals auf dem Dorotheenstädtischen Friedhof geplatzt ist. Gerdi und ich waren doch schon häufig auf Friedhöfen gewesen. Die alten Namen interessieren mich, seitdem ich lesen kann. Madame du Tutre, beigesetzt auf dem französischen Friedhof, der an den Dorotheenstädtischen grenzt, klingt einfach toll. Ich konnte auch schon früh die alte Schrift entziffern. Weil unsere Wohnung in Pankow in der Nähe des Friedhofs Pankow III liegt, waren wir oft dort. Dieser Friedhof ist auch interessant, denn der Bildhauer Theo Balden und Inge Müller, die Schriftstellerin und zweite Ehefrau des Dramatikers Heiner Müller, sind dort beerdigt. Heiner Müller starb 1995. Aber er ist getrennt von seiner Frau auf dem Dorotheenstädtischen Friedhof beigesetzt worden. Ebenso besuchten wir das Grab des 1935 gestorbenen Impressionisten Max Liebermann auf dem Jüdischen Friedhof in der Schönhauser Allee. Das ist ein besonders ungewöhnlicher Ort inmitten von Wohnhäusern, mit vielen alten Bäumen und großen Familiengrabmalen. Ich glaube, wir haben fast keinen Friedhof ausgelassen.

Als wir in der Schule die Ballade *Herr von Ribbeck auf Ribbeck im Havelland* von Theodor Fontane durchnahmen, wollte ich mir unbedingt das Schloss des Herrn von Ribbeck ansehen und den Birnbaum, der an seinem Grabe stand. Aber von dem Schloss war damals nicht mehr viel übrig. Es war mehrfach umgebaut und als Altenheim genutzt worden. Und den Birnbaum gab es selbstverständlich auch nicht mehr. Zu der einstigen Schlossanlage gehörte auch ein kleiner, vernachlässigter Friedhof, wo die Ribbecks liegen. Gerdi und ich mussten ihn uns natürlich angucken. Viele Jahre später war ich mit meinen Eltern und mit Uschi und Gerdi wieder in Ribbeck. Mutti hatte im Internet gesehen, dass das Schloss inzwischen mit Museum und Restaurant wieder hergerichtet und von einem Birnbaumgarten umgeben war. Also lud sie uns alle zu ihrem Geburtstag dorthin ein. Und wo waren wir zum Abschluss des Besuchs auf Ribbeck? Natürlich auf dem kleinen Familienfriedhof gleich neben dem Schloss.

Gerdi und ich besichtigten aber nicht nur Friedhöfe. Wir machten viele Ausflüge in das Berliner Umland. Besonders interessierte mich die preußische Geschichte. Ich hatte viele Bücher dazu, und immer, wenn meine Familie mich fragte, wohin wir denn diesmal fahren wollten, suchte ich mir Orte aus, von denen ich in meinen historischen Büchern etwas gelesen hatte. Damit stand oft auch das Ziel für Gerdi und mich fest. Wir bewegten uns auf historischen Spuren. Angefangen beim Schloss Oranienburg und dem Schlosspark Sanssouci in Potsdam über das kleine Henkerhaus in Bernau mit den gruseligen Folterwerkzeugen sowie das Heimatmuseum in Strausberg, wo es eine Bismarckausstellung gab, bis hin zum Hauptmann-Museum in Erkner, wohin uns mein Opa Gerhard begleitete. Gerdi wartete draußen, während wir beide uns das Zimmer anschauten, das aussah wie eine Theaterbühne. Es war ein kühler Tag, und Gerdi bedauerte, nicht mit in das Museum gegangen zu sein. Sie war durchgefroren und musste sich erst mal einen Pullover kaufen.

Kalt war es auch bei einem unserer zahlreichen Ausflüge an den Müggelsee. Am Ufer saß doch tatsächlich eine Frau und malte ein Bild. Dabei war Winter, und die Sonne wärmte nicht besonders. Ich fragte sie, warum sie in der Kälte sitzt und malt, wo doch die Finger ganz steif würden. Sie erzählte uns, dass sie zu jeder Jahreszeit Bilder vom Müggelsee malt. Und zu verschiedenen Tageszeiten. Immer sei das Licht anders, die Ufer sähen immer verschieden aus. Mal zartgrün, mal dunkelgrün oder auch ganz bunt. Dann wieder wirkten die Bäume wie Scherenschnitte. Und immer würde sich das Ufer anders im Wasser widerspiegeln. Nun sei eben der See weiß von Schnee und Eis – an manchen Stellen schimmerte er blassblau, so als ob das Wasser noch einen Gruß an die Oberfläche schicken würde. Spaziergänger und Schlittschuhläufer sahen aus wie bunte Farbkleckse.

Vielleicht war die malende Frau der Grund, warum Gerdi und ich auf die Idee kamen, über den zugefrorenen See nach Friedrichshagen zu laufen, statt den Weg durch den Wald zu nehmen. Vom Bahnhof Friedrichshagen fährt die S-Bahn nach Berlin-Mitte. Jedes Jahr kauften Gerdi und ich schon im September die ersten Pfefferkuchen in Friedrichshagen. Während wir übers Eis liefen, hielten wir uns fest an den Händen, denn es knackte unter unseren Füßen immer mal wieder gefährlich. Gerdi erinnerte sich natürlich gleich an ein altes Gedicht: »Gefroren hat es heuer/noch gar kein festes Eis/Das Büblein steht am Weiher/und spricht zu sich ganz leis:/Ich will es einmal wagen/das Eis, es muss doch tragen/wer weiß?« Als wir die andere Seite erreicht hatten, fielen wir uns in die Arme und riefen laut: »Wir sind gerettet!«

Aber so richtig durchgefroren war ich, als ich einmal Gerdi zu Hause überraschte. Sie wohnt in einem großen zwanzigstöckigen Haus auf der Fischerinsel. In der dritten Etage hat sie zwei sonnige Zimmer mit großen Fenstern und kann von dort sehen, wer zu Besuch kommt. Wenn sie Gäste erwartet, schaut sie aus dem Fenster und winkt ihnen schon von weitem zu. Aber dass ich an diesem eisigen Tag im Januar zu ihr kommen würde, konnte sie nicht ahnen. Ich war an der Haltestelle an meiner Schule aus der Straßenbahn ausgestiegen. Über Nacht war viel Schnee gefallen, und es schneite immer noch heftig weiter. An der Haltestelle standen schon einige Schüler aus meiner Klasse. Sie begannen plötzlich eine Schneeballschlacht. Das gefiel mir gar nicht. Der Schnee rutschte kalt und nass in meinen Anorak und an meinem Hals hinunter. Ich drehte um, lief weg und versteckte mich. Als die nächste Straßenbahn kam, fuhr ich zum U-Bahnhof Vinetastraße. Ich erinnerte mich, dass Mutti so mit mir zu Gerdi gefahren war. Das wollte ich nun auch versuchen, denn dann konnte mich niemand mehr mit Schnee bewerfen. Nach Hause wollte ich nicht, Mutti war sicher schon zur Arbeit gefahren, denn sie arbeitete inzwischen wieder den vollen Tag. Und da Uschi ganz in der Nähe der Schule wohnte, war ich sicher, dass sie mich direkt dorthin zurückbringen würde. Zu den Schülern, die mich mit Schnee einseifen wollten.

Auf der Fischerinsel angekommen, wusste ich nicht weiter. Im heftigen Schneetreiben sah alles so anders aus. Zum Glück erinnerte ich mich noch an die Adresse und fragte eine Passantin, wie ich zu dem Haus käme, in dem meine Großtante wohnt. Gerdi machte vielleicht Augen, als ich plötzlich vor ihrer Tür stand. Sie war gerade aufgestanden und trug noch ihr Nachthemd.

»Du siehst ja aus wie ein Schneemann«, rief sie. »Wo ist denn Mutti? Hat sie sich versteckt?«

»Nö. Ich bin alleine gekommen.«

»Das gibt es doch gar nicht. Alleine! Komm bloß schnell rein, du bist ja ganz durchgefroren.«

Ich zitterte wirklich, das merkte ich jetzt. Bis dahin war ich so aufgeregt und die Fahrt so spannend gewesen, dass ich gar nicht gemerkt hatte, wie nass meine Sachen von dem aufgetauten Schnee geworden waren. Gerdi ließ schnell warmes Wasser in die Badewanne laufen und steckte mich hinein. Dann rief sie in meiner Schule an und entschuldigte mich. Als ich aufgewärmt und mit einem heißen Tee auf dem Sessel saß, griff sie noch mal zum Telefon und rief bei Mutti im Büro an. Ich selbst sollte Mutti alles erzählen, denn es war klar, dass mein Ausrücken nicht in Ordnung war und ich dafür nun geradestehen musste. Aber Mutti schimpfte fast gar nicht mit mir, denn sie war froh, dass ich nicht verloren gegangen war. Nachmittags, Gerdi und ich hatten gerade angefangen, uns abwechselnd eine Seite im Märchenbuch vorzulesen, kam Vati, um mich abzuholen. Er war trotz der Sorgen um mich und des Ärgers, dass ich die Schule geschwänzt hatte, mächtig stolz auf mich, weil ich den Weg zu Gerdi allein gefunden hatte.

Unternehmungslustig war ich eigentlich schon immer. Einmal stieg ich Unter den Linden einfach aus dem Bus, als Gerdi und ich gemeinsam unterwegs waren. »Na, das kannst du aber nicht machen, Sebastian«, sagte sie anschließend, als wir an der Haltestelle auf den nächsten Bus warteten. Gerdi war gerade noch schnell genug hinterhergekommen, so dass wir uns nicht verloren hatten. »Wir müssen schon zusammen weiterfahren.« Ich wollte eigentlich nur gucken, wie Gerdi reagiert, wenn ich sie mit so einer Aktion überrasche.

Genauso habe ich Uschi einmal aus der Fassung gebracht. In der Woche, in der Mutti arbeiten musste, verbrachten wir »Oma-Tage« miteinander. Uschi erwartete mich dann bei uns zu Hause, oder ich ging zu ihr. Nach dem Essen half sie mir bei den Hausaufgaben. Wenn noch genügend Zeit war, besuchten wir oft ein Museum oder eine Galerie. Das war immer sehr spannend, und ich war jedes Mal neugierig, welchen Ort Uschi ausgesucht hatte. Eine unserer Berlin-Entdeckungstouren hat zum Beispiel mein Interesse für die Alten Ägypter geweckt. Nachdem wir bald nach der Wende im Museum Charlottenburg eine Ausstellung mit Nofretete und vielen anderen Ausstellungsstücken aus dem Altertum gesehen hatten, wünschte ich mir zu Weihnachten *Was ist was*-Bücher über Pharaonen und Pyramiden. Im Museum hatten wir Sarkophage und einbalsamierte Herrscher gesehen. Die waren schon ein bisschen gruselig. Aber ich fand es total faszinierend, dass sich manche Könige für Götter hielten und sich ein Weiterleben in einer anderen Welt sichern wollten. Ich wollte einfach mehr darüber wissen, wer sich das alles ausgedacht, wer das gebaut hat und wie die Leute damals gelebt haben. Mich faszinierte, dass nicht nur Männer Herrscher waren, sondern auch Frauen Macht hatten. Nofretete zum Beispiel und Cleopatra und Hatschepsut.

Ein anderes Mal wollten Uschi und ich die *Freie Berliner Kunstausstellung* besuchen. Die fand unter dem Funkturm auf dem Messegelände statt. Wir fuhren mit dem Bus dorthin. Uschi hatte allerdings die Goldelse am Großen Stern mit dem Funkturm verwechselt. Ich sagte zu ihr: »Wir sind hier falsch. Hier dürfen wir nicht aussteigen.«

»Du wirst schon sehen, es ist richtig. Sei nicht ungeduldig. Wir sind gleich da.«

»Guck mal da, ist das etwa ein Turm? Die Figur da oben ist ja ganz golden. Aber der Funkturm ist aus Eisen. Ich seh nur Bäume und keine Ausstellungshalle.«

Uschi schaute irritiert. Tatsächlich. Wir waren im Tiergarten gelandet und nicht am Funkturm. Uschi hatte Goldelse und Funkturm verwechselt, als sie sich nach der richtigen Fahrverbindung für uns erkundigt hatte.

Es gab auch Oma-Tage, an denen Uschi und ich uns einfach nur unterhielten, stundenlang. Und es gab Tage, an denen sie Mutti etwas Arbeit im Haushalt abnahm wie an jenem Frühsommernachmittag. Ich muss ungefähr elf gewesen sein.

»Na so was, die Tür ist ja zu«, hörte ich Uschi verwundert vor der Glastür sagen, durch die man von der Küche meines Elternhauses über die Terrasse in den Garten gelangt. Uschi konnte mich nicht sehen, denn ich stand seitlich zwischen Wand und Spüle. Als ihre Schritte sich entfernten, linste ich um die Ecke. Den inzwischen leeren blauen Wäschekorb aus Plastik in der Hand lief sie die Treppe hinunter zurück in den Garten und verschwand aus meinem Sichtfeld. Sicher wollte sie zur Kellertür, um zu sehen, ob die vielleicht offen war. Schnell ging ich wieder in Deckung, denn wenig später tauchte ihr Kopf hinter der Hausecke auf. Diesmal ohne Wäschekorb. Sie hatte ihn am Eingang zum Keller abgestellt. Erneut versuchte Uschi, ins Haus zu kommen. Erneut vergebens.

»Das kann doch nicht sein«, hörte ich ihre Stimme von draußen, woraufhin ich mein Versteck verließ.

»Sebastian, da bist du ja. Lässt du mich bitte rein?« Ihre Verwunderung ging in Erleichterung über. Ich sah Uschi durch die Scheibe an. In ihrer hellen, schmal geschnittenen Hose und dem locker fallenden Oberteil wirkte sie wie immer elegant. Meine Oma Ilse hatte dagegen oft einfach nur einen weißen oder einen braunen Kittel an.

»Machst du bitte auf?«, rief Uschi ein weiteres Mal, nachdem ich keine Anstalten machte, ihrem Wunsch zu entsprechen. Die rechte Hand in die Hüfte gestützt und den Kopf leicht nach rechts geneigt, stand sie da.

»Sebastian, die Kellertür ist zu. Lässt du mich bitte in die Küche?« Mein Blick schweifte zu Vatis Hemden und Muttis Sommerkleidern, die an der Wäschespinne neben dem großen Nussbaum flatterten. Auch das Körbchen, in dem Mutti die Holzklammern aufbewahrte, schaukelte daneben sacht im Wind.

»Sebastian? Hörst du mich?« In Uschis Stimme hatte sich Nachdruck gemischt. Vermutlich war ihr längst klargeworden, dass ich sämtliche Zugänge zum Haus absichtlich verschlossen hatte. Ich musste grinsen.

»Sebastian, lass mich jetzt bitte rein. Ich möchte doch noch bügeln. Mach die Tür auf!«

»Hihi«, entfuhr es mir, während ich Uschi draußen stehen sah. In der Küche lag noch der Duft der Möhrensuppe, die wir zu Mittag gegessen hatten. Eine Spezialität von Uschi. Dazu hatte sie Rippchen gebraten und oben drauf ganz viel frische Petersilie gestreut. Als Nachtisch hatte es Apfeleierkuchen gegeben, eine meiner Leib- und Magenspeisen.

»Sebastian! Hör auf mit dem Quatsch. Ich möchte jetzt ins Haus!« Ich lachte mittlerweile. Uschi vor der Tür war einfach zu komisch. Und je mehr sie sich echauffierte, umso amüsanter fand ich die Situation. Innerlich war sie bestimmt wütend, doch nach außen bewahrte sie die ganze Zeit die Fassung. In fast sämtlichen Tonarten hatte sie nun versucht, mich zum Öffnen der Tür zu bewegen.

»Und was ist mit dem Kaffee, den wir noch trinken wollten?« Stimmt, mein Muckefuck, an den hatte ich gar nicht mehr gedacht. Und hatte ich Uschi nicht lange genug zappeln lassen? Ich öffnete die Tür.

»Wie kannst du nur so was machen?« Ihrer Stimme merkte ich nun doch an, dass sie sich ärgerte.

»Ich wollte wissen, was du machst, wenn du deinen Schlüssel vergessen hast und vor verschlossener Tür stehst.« Ich lachte sie an. »Rastest du aus, oder bleibst du ruhig?«

Kopfschüttelnd verschwand Uschi in Richtung Keller. Als sie mit den drei gebügelten Hemden in der Hand wieder hochkam, lächelte sie mich an und sagte: »So, jetzt trinken wir Kaffee.«

Für meinen Streich bestraft wurde ich nicht. Auch wenn mir viele meiner Wünsche erfüllt wurden, heißt das aber nicht, dass Uschi mich gewähren oder mir alles durchgehen ließ. Im Gegenteil, sie war sehr konsequent. Neben meinen Eltern verbrachte ich mit ihr die meiste Zeit, wurde also auch von ihr erzogen. Wenn ich manchmal etwas nicht wollte – wie zum Beispiel mein Zimmer aufräumen, Hausaufgaben machen oder eine Strecke zu Fuß zurücklegen –, sagte Uschi: »Es ist nicht immer alles

Spaß im Leben.« Gezwungen wurde ich zu nichts, ebenso wenig stellte sie mir eine Belohnung in Aussicht, wenn ich eine Aufgabe erledigen sollte. Vielmehr hatte sie es raus, Dinge spannender zu machen. Ganz normale oder langweilige Sachen wurden so zu einer phantasievollen Geschichte. Als ich jünger war und wie alle Kinder in dem Alter bockig wurde, weil ich meine Hände nicht waschen oder meine Zähne nicht putzen wollte, lenkte sie mich ab: »Komm, das Böckchen bringen wir schnell zur Toilette und spülen es runter.« Ich schaute gespannt in die Toilette, um zu sehen, ob da wirklich ein Böckchen ist. Darüber vergaß ich dann völlig, dass ich eigentlich protestieren wollte. Dieser Trick soll schon bei Mutti funktioniert haben.

Oft sagte Uschi auch, nachdem ich ihr etwas erzählt hatte: »So, Sebastian. Jetzt will ich wissen, wie es wirklich war.«

»Wieso?«

»Schon deiner Mutter habe ich es der Nasenspitze angesehen, wenn sie geflunkert hat. Dir sehe ich es auch an.«

»Du siehst es meiner Nasenspitze an? Wie geht denn das?«

»Schau mal in den Spiegel, guck dir deine Nasenspitze an«, forderte Uschi mich dann auf.

»Deine Nasenspitze ist ein klein wenig länger geworden und etwas gerötet«, sagte sie so überzeugend, dass ich es auch sah.

»Du glaubst mir schon wieder nicht!«

Diese Situation kannte ich von zu Hause. Eines Tages hatte Vati mich mal wieder gefragt, ob ich denn wie verabredet zur Schule gelaufen sei. Ich sollte bei schönem Wetter zu Fuß gehen, weil ich so etwas Bewegung und frische Luft bekam. Der Weg zur Schule war ja auch nicht weit. Nur drei, vier kurze Stationen mit der Straßenbahn. Natürlich sagte ich, dass ich wie immer gelaufen sei.

»Stimmt das wirklich?«, wollte Vati wissen.

»Na klar. Wirklich. Ich bin gelaufen. Schließlich scheint ja heute die Sonne«, beteuerte ich.

Und dann kam von Vati natürlich der Satz mit der Nasenspitze. Er erklärte mir zum x-ten Mal, warum es so wichtig ist, dass ich mich bewege und dass es nicht darum geht, mir den Spaß an der Straßenbahnfahrt zu vermiesen. Später erzählte Vati mir, dass er es natürlich nicht nur meiner Nase angesehen hatte. Er musste an dem Tag etwas später als sonst zur Arbeit und entdeckte mich in der Straßenbahn, als er mit seinem Auto vorbeifuhr. Mutti und Vati behaupten ja bis heute, dass sie es mir an der Nasenspitze ansehen, wenn etwas nicht stimmt. Manchmal glaube ich sogar, dass sie das wirklich können.

Neben Dingen, die ich können oder wissen muss, haben mir Uschi und meine Eltern beigebracht, wie ich mich mir unbekannten Menschen gegenüber verhalten soll. Schon als ich klein war, haben sie darauf geachtet, dass ich mich zurückhaltend benehme und Fremde nicht mit meinen Gefühlen überfalle. Manchmal bekomme ich mit, wie Menschen mit Downsyndrom auf Leute zugehen und sie aus heiterem Himmel umarmen wollen, obwohl sie sie noch nie vorher gesehen haben. Sie werden häufig zurückgewiesen, was mir dann immer leidtut. Ich kann aber auch die Reaktion der anderen verstehen. Mir haben meine Eltern und Uschi früh erklärt, dass mich möglicherweise nicht alle gleich liebhaben, ohne mich zu kennen, und dementsprechend ablehnend reagieren. Dabei ging es ihnen wohl eher darum, mich vor Diskriminierung zu schützen, und weniger darum, dass es peinlich werden könnte. Ich selber fände es ja auch komisch, wenn mir ein fremder Mann oder eine fremde Frau auf der Straße unverhofft um den Hals fällt.

Umgekehrt haben meine Eltern mir immer wieder gesagt, dass ich jederzeit zu ihnen kommen kann. Dass ich sie alles fragen darf und dass ich ihnen alles erzählen kann, was mir auf dem Herzen liegt. Und dass es ganz besonders wichtig ist, offen und ehrlich miteinander umzugehen und Vertrauen zueinander zu haben.

DER KLEINE BRUDER

Obwohl meine Familie immer für mich da war, fehlte mir etwas. Besser gesagt: jemand. Ich wünschte mir einen Bruder oder eine Schwester. Meine Eltern hatten ihre ganze Kraft in meine Förderung gesteckt. Beide waren außerdem immer berufstätig. Sie konnten sich nicht vorstellen, noch ein Kind zu bekommen. Vielleicht auch, weil sie Angst hatten, dann nicht mehr so sehr für mich da sein zu können.

Klar hatte es immer andere Jungen und Mädchen in meinem Umfeld gegeben. Zunächst meinen Cousin Micha, mit dem ich in den ersten Jahren bei Oma Ilse viel und gerne gespielt habe. Als ich in den Kindergarten und später in die Vorschule ging, verbrachte ich natürlich wie andere Kinder auch mindestens den halben Tag mit Gleichaltrigen. In der Schulzeit besuchte ich auch noch den Hort. Aber leider fand ich dort keine richtigen Freunde, was sicher an dem großen Einzugsgebiet meiner Schule, aber auch daran lag, dass in meiner Klasse außer mir nur fünf Schüler waren. Gut verstand ich mich mit Guido, einem großen, kräftigen Jungen mit braunen

Locken und Brille. Er hatte eine leichte Lernbehinderung. Auch wenn es während meiner Schulzeit niemanden gab, der mich wirklich abgelehnt hat, fühlte ich mich von ihm am meisten akzeptiert. Guido war freundlich und aufgeschlossen, manchmal half er mir bei den Hausaufgaben. Er wohnte in Wilhelmsruh, einem benachbarten Stadtbezirk, und wenn wir uns sehen wollten, mussten unsere Eltern uns mit dem Auto bringen und abholen, weil die Verbindung mit öffentlichen Verkehrsmitteln sehr umständlich war. Wie Mutti und Vati waren Guidos Eltern berufstätig, darum konnten wir uns nicht so oft für den Nachmittag verabreden. Wenn wir uns dann trafen, ungefähr alle zwei Wochen, spielten wir mit Autos, die wir über Guidos Teppich fahren ließen, auf dem Straßen und Häuser zu sehen waren. Oder wir gruben meinen Buddelkasten in unserem Garten so lange um, bis wir unten auf die Bodenbretter stießen.

Rico, der ebenfalls in meiner Klasse war, ging ich hingegen aus dem Weg. Er kam aus schwierigen sozialen Verhältnissen und verhielt sich wie ein Hampelmann. Ständig kasperte er herum und war anderen gegenüber gemein. Immer wieder nahm er sich Sachen von anderen Kindern und versteckte sie oder warf sie irgendwo auf den Schulhof. Ich nannte ihn heimlich den »kleinen Stinker«, weil er unangenehm roch. Um nicht mit ihm aneinanderzugeraten, versuchte ich möglichst wenig mit ihm zu tun zu haben. Rico war der Stärkste von uns allen und ich wie immer und überall der Kleinste.

Besonders wichtig waren mir vor allem die Kinder aus

dem großen Bekanntenkreis meiner Eltern. Die Treffen mit ihnen waren leider oft aufs Wochenende oder auf gemeinsame Kurztrips, zum Beispiel über Silvester, und auf die Ferien beschränkt. Vor allem mit zwei Familien – mit Heines und Kampes – verbindet mich noch immer eine enge Freundschaft. Mutti und Roland Heine haben sich bei der *Berliner Zeitung* kennengelernt. Er und seine Frau Cornelia haben zwei Söhne, Florian und Hannes. Beide sind ein wenig jünger als ich. Florian hat Jura studiert, und Hannes arbeitet inzwischen als Journalist. Als in der ARD Anfang Juli 2014 die Filme *Ziemlich beste Freunde* und *Ein Tick anders* über ein Mädchen mit dem Tourettesyndrom liefen, hat er über mich und meine Arbeit als Schauspieler einen längeren Artikel für eine Fernsehzeitschrift verfasst. Darin erinnert er sich auch an unseren gemeinsamen Urlaub in Ahlbeck an der Ostsee. Wir hatten am Strand ein tiefes Loch gebuddelt, in das wir alle drei reinpassten und in dem wir komplett verschwanden. Wir hätten darin verschüttet werden können. Jetzt lachen wir bei Familientreffen darüber, wie die Eltern uns am ganzen Strand suchten und in alle Strandkörbe schauten. Aber damals gab es natürlich ordentlich Ärger.

Die Freundschaft mit Familie Kampe entstand während Vatis Studium. Er hat gemeinsam mit Burkhardt und Evelyn an der Ingenieurhochschule in Zittau studiert. Beide fingen dann in der Altmark, genauer gesagt in Stendal, an zu arbeiten. Ihre Kinder Bernd (er ist zwei Jahre jünger als ich) und Anne (nur ein paar Monate älter als ich) sind inzwischen ausgezogen und haben eigene Familien. Wenn wir uns treffen, erinnern wir uns gerne daran, wie wir bei unseren Besuchen in den Sandbergen spielten, die noch vom Hausbau herumlagen. Oder wie Anne mich Jahre später auf ihr Pferd Samurai setzte und Bernd mit mir auf seinem Moped durch die Gegend fuhr. Wenn sie bei uns in Berlin waren, zeigte ich ihnen die exotischen Tiere im Tierpark, oder wir fuhren mit dem Dampfer auf der Spree durch die Stadt. 1989 kam Eva zur Welt. Das Nesthäkchen der Familie Kampe. Ihr durfte ich damals sogar das Fläschchen geben. Genauso wie der Tochter von anderen Freunden meiner Eltern. Wir nannten sie Punker-Maria, weil sie als Baby so einen tollen schwarzen Haarschopf hatte. Dann stellte ich mir immer vor, wie schön es wäre, eine kleine Schwester zu haben, die ich als großer Bruder beschützen könnte. Ebenso wie Anne und Bernd, die sich um Eva kümmerten. Mutti und Vati wussten daher genau, dass mir trotz all der engen Freundschaften ein Gefährte fehlte. Auch wenn es mal einen Streit unter den Geschwistern gab, waren sie doch immer füreinander da – und auch für mich. Bis heute.

Ich bekam dann zwar keine kleine Schwester, dafür aber einen vierbeinigen Freund: eine Katze. Meine ganze Familie mag Katzen – meine Eltern, Uschi und ich. Wahrscheinlich habe ich meine Vorliebe für diese Tiere geerbt. Als Kind konnte ich im Urlaub keine Katze ungestreichelt lassen. Vor allem Katzenbabys haben es mir bis heute angetan. Wenn sie sich auf den Rücken werfen, sich am Bauch kraulen lassen und anfangen zu schnurren, sind sie so süß.

Uschis Mann Marek hatte immer mal wieder erwähnt, dass sein Chef drei oder vier Katzen hatte, die jedes Jahr Junge bekamen. Über Marek ließen wir ausrichten, dass wir Interesse an einem Kater hätten. Nach zwei Monaten kam endlich der Anruf: Der nächste Wurf sei jetzt da. Mutti und Vati fuhren gleich vorbei und erzählten hinterher, dass es zwei schwarze Kater gäbe. Ich wollte nämlich unbedingt einen schwarzen Teufel mit leuchtenden Augen, der widerstandsfähig und anhänglich ist.

Wenig später saßen wir am Esszimmertisch und überlegten, welchen Namen wir meinem Kater geben könnten. Ich entschied mich für Leopold, weil es in meiner damaligen Lieblingssendung *Hallo Spencer* einen grünen Drachen gab: Poldi, der schönste Drache der Welt. Er sagte ständig »Ich will dir fressen« und schubberte seinen Rücken an Bäumen und Lavagestein. Sobald der Name feststand, konnte ich es kaum erwarten, meinen Kater abzuholen.

»So, da wären wir«, sagte Marek ein paar Wochen später, nachdem er sein Auto geparkt und den Motor ausgemacht hatte. Sein Chef, den meine Eltern flüchtig vom Sehen kannten, wohnte im Stadtzentrum, in der Nähe des Admiralspalasts.

»Freust du dich, Sebastian?«, fragte Marek.

»Und wie!« Vor Aufregung hatte ich während der Fahrt kein Wort rausgebracht.

»Du kannst dir bestimmt vorstellen, dass er die letzten Tage von nichts anderem gesprochen hat.« Vati nahm mich an die Hand. Mutti war nicht mitgekommen, weil sie an dem Nachmittag arbeiten musste.

Als wir über den mit Büschen und vielen Pflanzen bewachsenen Hof zum Haus gingen, entdeckte ich an einem der geöffneten Fenster der Parterrewohnung ein Brett. Darauf waren schmale Leisten quer angebracht. Wahrscheinlich eine Katzenleiter, hier musste es sein.

Marek klingelte, und mit einem lauten Surren öffnete sich die schwere braune Eingangstür. Ich platzte fast vor Aufregung. Die Begrüßung mit dem Herrchen der Katzen fiel zum Glück kurz aus. Während Marek und sein Chef sich gleich in die Küche zurückzogen, um sich zu unterhalten, gingen Vati und ich auf die Suche nach unserem schwarzen Kater. Das war gar nicht so einfach. Die Altbauwohnung war riesig, und es gab ganz schön viele Katzen. Mareks Chef hatte uns vorgewarnt und gesagt, dass er ständig am Putzen sei, weil Babykatzen erst lernen müssten, das Katzenklo zu benutzen. Die einzelnen Zimmer waren mit Flügeltüren verbunden. Die hohen Stuckwände boten viel Platz für Bilder und endlose Bücherregale, für die ich mich aber heute gar nicht interessierte. Zuerst trauten sich nur die erwachsenen Katzen raus. Wo war nur mein Poldi?

»Guck mal, Sebastian, das ist offensichtlich das Kinderzimmer«, sagte Vati. In einem Raum mit locker beieinanderstehenden Sofas und Sesseln blieben wir stehen. Überall tummelten sich kleine Katzen.

»So viele«, stellte ich staunend fest.

Bei Vatis erstem Besuch mit Mutti hatte nur ein Wurf schlafend in einem Korb gelegen. Inzwischen hatten noch zwei andere Katzen ihre Jungen bekommen. Einige Winzlinge schienen gerade ein paar Tage alt zu sein, zurückgezogen in einer Ecke, wurden die noch blinden Kätzchen, in eine Kiste gekuschelt, von der Mutter gesäugt.

»Wo kann Poldi nur stecken?« Vati und ich schauten uns weiter um. Zu unseren Füßen lieferten sich Katzenbabys Verfolgungsjagden über den Parkettboden. Andere versteckten sich hinter Sesseln und Vorhängen, um sich mit einem gewagten Sprung aufeinanderzustürzen. Dazu miauten und fauchten sie ständig.

»Das könnte er sein«, sagte Vati plötzlich. Ich folgte seinem Blick und entdeckte auf einem dicken dunkelroten Samtkissen zwei kleine schwarze Katzen, die sich balgten. Wir schlichen uns an. Sie waren so in ihren Kampf vertieft, dass sie alles um sich herum vergaßen. Stattdessen hatte uns ein getigertes Katzenkind bemerkt. Es kam direkt auf uns zu und strich mit erhobenem Schwanz um unsere Beine. Mit seinen dunklen Streifen im Gesicht sah es sehr niedlich aus.

»Du willst doch bestimmt zu uns?«, sagte ich und bückte mich, um es zu streicheln.

Mit seinen großen Augen schaute uns das Katzenkind aufmerksam an, bevor es sich wieder an unsere Beine kuschelte.

»Der Größe nach zu urteilen wahrscheinlich ein Kater«, vermutete Vati.

»Den will ich. Der ist schön lebhaft und holt sich gleich seine erste Streicheleinheit ab«, sagte ich.

»Wollten wir nicht einen schwarzen Kater? Aber wir haben ja keine andere Wahl. Der Tiger hat sich für uns entschieden. Dann sage ich mal Bescheid, dass wir anstelle des schwarzen einen gestreiften Kater mitnehmen.«

Während ich wartete, legte Poldi sich auf den Rücken und ließ sich am Bauch streicheln. Dann hielt er sich mit seinen vier Samtpfötchen an meiner Hand fest.

»Doch kein schwarzer Kater?«, unterbrach uns Marek.

»Nein, der hier ist viel besser!« Vati machte Anstalten, Poldi auf den Arm zu nehmen.

»Wollt ihr ihn etwa so mitnehmen?«, fragte Mareks Chef. Wir sahen uns an. Katzenfutter und Katzenklo standen zu Hause bereit. Auch einen Schlafplatz hatten wir hergerichtet, aber an eine Kiste für den Transport hatte keiner von uns gedacht.

»Ich leihe euch einen Korb für den Weg nach Hause«, bot der Katzenvater an. »Marek kann ihn mir ins Büro mitbringen, sobald ihr einen eigenen habt.«

Fünf Minuten später saßen wir im Auto. Den Weidenkorb mit Poldi hatte ich auf dem Schoß. Marek war kaum losgefahren, da fing mein neuer Freund jämmerlich an zu schreien.

Oh, je, dachte ich. Auch wenn er sich uns ausgesucht hatte, war er nun von seiner Familie getrennt. Der Arme, er war doch noch so klein.

Während Vati und Marek sich vorne unterhielten, versuchte ich, Poldi mit meinem Zeigefinger durch die Stäbe des kleinen Türchens zu streicheln. Er hatte sich jedoch ganz nach hinten verkrochen, ich kam gar nicht an ihn ran.

»Bleib ruhig, Poldi. Es ist alles gut«, redete ich mit sanfter Stimme auf ihn ein. »Ich bin ja jetzt da.« Langsam öffnete ich das Türchen und steckte meine Hand in den Korb. Ich wollte Poldi nicht erschrecken.

»Ist nicht so schlimm, wir sind ja bald da.« Vorsichtig berührte ich Poldis Kopf und streichelte mit meiner Hand über seinen Rücken. Sein Fell war ganz weich und warm. Ich konnte fühlen, wie schnell er atmete. Er hatte bestimmt Herzrasen.

»Ich bin doch dein großer Bruder, der auf dich aufpasst.« Die Abstände von Miau zu Miau wurden langsam größer.

»Ich werde auf dich achten und dich jeden Tag streicheln und knuddeln.« Poldi wurde tatsächlich zusehends ruhiger. »Und etwas zum Naschen bekommst du auch jeden Tag von mir. Das verspreche ich dir.«

Nach der Hälfte der Fahrt hörte Poldi auf zu maunzen.

Als wir eine halbe Stunde später zu Hause eintrafen, wartete Mutti schon auf uns. Futter und ein Schälchen mit Wasser verdünnter Milch hatte sie bereitgestellt. Auch bei ihr und Poldi war es Liebe auf den ersten Blick, als Vati den Korb ins Haus gebracht hatte und Poldi neugierig sein Köpfchen herausstreckte.

Von nun an galt mein erster Gedanke, wenn ich aus

der Schule kam, meinem kleinen Freund. Lag Poldi auf meinem Bett, legte ich meinen Kopf ganz nah zu ihm. Streichelte ich ihn, fing er sofort an zu schnurren und machte den für Katzen typischen Milchtritt. Ein richtiges Trampeltierchen. Manchmal bewegte er im Schlaf seine Pfoten, so als würde er rennen. Wahrscheinlich träumte Poldi vom Mäusefangen. Egal, was ich sagte, er schien es zu verstehen. Ich konnte stundenlang mit ihm spielen. Schnell hatte sich herausgestellt, dass die goldene Kordel des Wohnzimmervorhangs sein Favorit war. Daran war eine große Holzperle befestigt. Die perfekte Beute. Poldi saß in Lauerstellung auf dem Boden und drehte seinen Kopf in die Richtung, in die ich die Kordel pendeln ließ. Sobald der Ausschlag nach links und rechts größer oder schneller wurde, holte er aus und versuchte, die Perle mit seinen Vorderpfoten zu fassen. Manchmal ließ ich die Kordel mit der Holzperle auch hoch und runter hüpfen. Poldi schaffte es meistens, die Kordel zu fassen zu bekommen. Er krallte sich dann daran fest, biss hinein und warf den Kopf nach links und rechts, wie Katzen es machen, wenn sie mit etwas kämpfen. Beim Spielen mit Poldi zog ich mir manchmal Kratzer zu. Poldi bestimmte selbst, wann er spielen und wie lange er gestreichelt werden wollte. Katzen sind eben kleine Dickköpfe.

Wir hatten vereinbart, dass Poldi die ersten Wochen im Haus bleibt, damit er sich mit seiner neuen Umgebung vertraut machen kann. Doch schon nach kurzer Zeit saß er sehnsüchtig maunzend vor der Küchentür zum Garten und beobachtete, was draußen passierte. Ihm war offensichtlich langweilig geworden. Seit Poldi bei uns war, hatte sich herausgestellt, dass wir nicht nur einen eigensinnigen, sondern auch einen wagemutigen Kater hatten. Kurz nachdem er zu uns kam, hatten wir angefangen zu renovieren. Kaum hatte sich das Katerchen einigermaßen orientiert, war es die herumstehenden Teppichrollen hochgeklettert. Doch nicht nur das. Klein und kräftig wie Poldi war, schaffte er es auch, an Gardinen und sogar an der Stofftapete im Flur hochzuklettern. Wir staunten nicht schlecht. Unangenehm wurde es, wenn wir im Sommer kurze Hosen trugen und er uns ans Bein sprang, sich daran blitzschnell bis zum Oberschenkel hocharbeitete und sich dort festkrallte. Dann verwechselte er offenbar unsere Beine mit einem Baumstamm.

Ich glaube, es war Mutti, die Poldis kläglichem Miauen irgendwann nachgab und eine Leine kaufte. Daran führte ich ihn im Garten herum und zeigte und erklärte ihm alles. Schon nach kurzer Zeit brauchte er die Leine nicht mehr. Er kannte sich aus. Dass Poldi sich nun auch im Garten bewegte, war toll. Er bekam jedoch den Wechsel zwischen Drinnen und Draußen nicht besonders gut hin. Das heißt, mein vierbeiniger Freund benutzte nicht mehr nur sein Katzenklo, sondern suchte sich manchmal auch andere Orte im Haus aus. Um irgendwann ganz weg vom Katzenklo zu kommen und damit Poldi auch in das Haus reinkonnte, wenn mal niemand von uns da war, hatte Vati eine Idee. Statt eine Katzenklappe anzubringen, dachte er sich einen besonderen Schließmechanismus aus. Eins der Kellerfenster zum Garten hin hatte zwei Flügel. In dem Raum standen die Werkbank und Poldis Körbchen. An einem Fensterflügel brachte Vati eine Feder an und stellte sie so ein, dass zwischen beiden Flügeln ein Spalt offen blieb. Durch diesen konnte Poldi ohne Mühe rein- und rausschlüpfen. Vati machte den Spalt nach und nach enger, die Feder sorgte dafür, dass sich das Fenster immer weiter schloss und Poldi nur noch gerade so durch die Öffnung passte. Irgendwann war der Spalt ganz verschwunden, und unser Kater musste nun das Fenster von außen durch Gegendrücken öffnen. Komplizierter war es, wenn er rauswollte. Dann musste er mit seinen Krallen am Fensterrahmen ziehen, den Fensterflügel mit einer Hinterpfote festhalten und hindurchschlüpfen.

»Wo kommst du denn her?«, hörte ich eines Abends Vati laut rufen, nachdem Poldi in mein Zimmer geschossen kam. Den Blick auf meine Tür gerichtet, hockte er in Angriffsposition auf meinem Schreibtisch, wo ich noch mit meinen Hausaufgaben beschäftigt war. Mit wem sprach Vati nur?

»Hey, nicht nach oben, Freundchen!« Ich hörte Getrappel und Türenschlagen unten im Flur. »Hier lang, hier lang. Da geht es raus!«, sagte Vati sehr bestimmt. Was war da los?

»Sebastian, komm doch mal schnell runter, ich krieg den Kater von gegenüber nicht raus.« Auf einmal hörte ich ein lautes Miauen, und ich sah zu, dass ich die

Treppe runterkam. Und da war er. Ein offensichtlich völlig verängstigter schwarzer Kater rannte in Panik mit weit aufgerissenen Augen ziellos durch unser Haus. Vati hatte sich den Besen aus der Küche geschnappt und versucht, das Tier in Richtung irgendeiner Tür nach draußen zu bugsieren. Bislang vergeblich.

»Hilf mir mal, mach die Terrassentür auf, schnell! Der findet alleine nicht raus.« Ich reagierte sofort, und mit einem Satz war der unfreiwillige Gast weg.

Auch wenn der Schwarze von gegenüber nach der Aktion offensichtlich nicht mehr zu uns zurückwollte, blieb er nicht der Einzige, für den eine Verfolgungsjagd mit Poldi in unserem Keller endete. Nur wenige Wochen später rief Vati wieder: »Sebastian, komm runter!« Diesmal sollte ich Poldi mitbringen, der sich erneut zu mir geflüchtet hatte. Anders als vorher versteckte er sich jedoch völlig verängstigt unter meinem Bett.

»Komm her, Poldi. Du musst keine Angst haben«, redete ich auf ihn ein, während ich ihm auf dem Teppich kniend meine Hand entgegenstreckte. »Vati möchte uns was zeigen.« Zunächst zögerte Poldi, ließ sich dann aber bereitwillig die Treppe hinuntertragen.

Vati erwartete uns an der Tür zum Keller – ohne Besen. Sein Gesichtsausdruck war eine Mischung aus Vorfreude und Entschlossenheit, als würde er triumphieren. Was hatte Vati vor?

Neugierig folgte ich ihm mit Poldi im Arm nach unten. Vor der Werkstatt blieb er stehen und öffnete mit einem Grinsen die Tür. Wer saß dort in der Werkstatt? Feli, die aufgeplusterte hellgraue Perserkatze unserer Nachbarin Dorothea. Ich merkte, wie sich beim Anblick dieses bauschigen Fellbündels Poldis Krallen in meine Arme bohrten. Er hatte Angst. Denn von Feli bezog mein kleiner Bruder die schlimmsten Prügel, obwohl er inzwischen ein gestandener, kräftiger Kater war, der jeden Morgen stolz die in der letzten Nacht gefangenen Ratten und Mäuse an der Kellertreppe wie Trophäen für uns aufreihte.

»Ui, was hast du vor, Vati?«, fragte ich staunend.

Vati hockte sich neben Feli, die verwundert, aber seelenruhig in der Mitte der Werkstatt saß. Mit der linken Hand fasste Vati sie im Nacken und tat so, als würde er sie links und rechts ohrfeigen. Was sollte das?

»Guck mal, Poldi, so musst du das machen.« Vati teilte noch ein paar seiner Luft-Ohrfeigen aus. »Feli ist eigentlich ein ganz kleines Kätzchen, vor dem du keine Angst haben musst.«

Mein Kater und ich machten beide große Augen, während Vati noch einen Moment vorgab, Feli etwas hinter die Ohren zu geben. Sie muss genauso überrascht gewesen sein wie wir, denn sie versuchte anfangs nur halbherzig, sich Vatis Griff zu entziehen. Er ließ aber nicht locker und ging mit ihr Richtung Kellertreppe.

»Kommt mit, es geht noch weiter.« Mit Poldi auf dem Arm folgte ich brav, und wir sahen, wie Vati die Tür aufriss und Feli am Nacken haltend die Treppe hoch Richtung Garten ging. Am Treppenabsatz angelangt, warf er sie regelrecht von sich.

»Los Poldi, hinterher!« Ich verstand sofort, setzte Poldi ab und sah zu, wie er Feli hinterherrannte. Sie sprang mit einem Riesensatz über den Zaun und war weg.

Wie ich vorher beim Schwimmen mit Vati hatte Poldi seine Lektion zu lernen. Leider können Tiere ja nicht sprechen. Aber an seinem ängstlichen Blick und daran, wie fest sich mein kleiner Bruder an mich krallte, merkte ich, dass Poldi einfach nur wegwollte. Auch ich hatte mich damals in Prieros an Vati festgeklammert, weil ich nicht ins Wasser wollte. Mir half aber niemand, ich musste da alleine durch. Daher war ich froh, Poldi in dieser Situation beistehen zu können. Ich hatte auch das Gefühl, ihm etwas zurückzugeben. Denn er war schon oft für mich da gewesen. Sogar wenn ich mal Magenschmerzen hatte, half er mir und legte sich auf meinen Bauch. Ich vertraute ihm alles an und erzählte ihm, was ich tagsüber erlebt hatte. Nach der Lehrstunde in der Werkstatt waren wir nun Verbündete, wobei ich Vati am Ende recht geben musste: Poldi war von dem Tag an viel mutiger und verteidigte sein Revier gegen alle Eindringlinge. Nun war es Feli, die die Flucht ergriff, wenn mein Kater ihr zu nahe kam.

Poldi war nicht nur mutig und stark, sondern auch sehr klug. Zu unserem Leidwesen jagte er neben Ratten und Mäusen auch Vögel. Die legte er uns aber nicht auf die Kellertreppe. Er muss gewusst haben, dass er Vögel nicht fangen durfte. Sie nisteten jedes Frühjahr in der drei Meter hohen Thuja-Hecke, die ans Nachbargrundstück grenzte. Vati schnitt sie regelmäßig, weshalb sie sehr dicht war. Die Vögel waren dort sicher, die diebischen Elstern kamen nicht an ihre Nester heran. Poldi allerdings schon. Um seine Beute zu erreichen, nahm er in geduckter Haltung über den Rasen Anlauf und sprang wie eine Rakete in die Hecke. Zu sehen war nichts, aber es krachte mächtig, und die Vögel verfielen in lautes, panisches Gezeter. Natürlich war Poldi zu groß und zu schwer für das Geäst der Hecke und rauschte irgendwann einfach zu Boden. Mit einem noch lebenden Vogel im Maul schlich er anschließend an uns vorbei. All unser Schimpfen nützte nichts, er tat es immer wieder. Im Vorbeigehen gab er uns mit seinem Blick zu verstehen, dass wir uns aus der Sache heraushalten sollten.

Da wir Poldi die Jagd auf Vögel nicht abgewöhnen konnten, banden wir ihm neben seinem Halsband gegen Zecken noch eins mit einem Glöckchen um. Die Vögel sollten durch das Klingeln gewarnt werden und rechtzeitig wegfliegen können. Doch was machte Poldi? Wenn er sich das Band mit der Glocke nicht in einem seiner Kämpfe abgerissen hatte, schlich er sich so geschickt an, dass nichts zu hören war und die armen Vögel sich so manches Mal nicht retten konnten. Am Ende mussten wir einsehen, dass wir keine Chance hatten, etwas gegen seinen Jagdtrieb auszurichten. Trotzdem war ich wahnsinnig glücklich, dass Poldi bei uns war.

EIN LETZTES MAL

Gibt es denn gar nichts, was wir tun können?«, fragte ich meine Eltern, mit denen ich eines Abends am Esszimmertisch saß. Der Suppentopf war noch zur Hälfte gefüllt. Das Brot im Korb unberührt. Keiner von uns hatte Hunger, geschweige denn Appetit. Draußen dämmerte es bereits, eigentlich war es ein schöner lauer Frühlingsabend Ende Mai 1997.

»Ich glaube nicht, Sebastian«, antwortete Mutti traurig.

»Und wenn wir noch mal mit der Ärztin sprechen?«

»Die Spritzen verschaffen Poldi keine Linderung mehr«, erklärte Mutti mir zum wiederholten Mal. Ich konnte mir einfach nicht vorstellen, dass wir schon alles ausprobiert hatten.

»Ach, Sebastian, unser Kater wird leider nicht mehr gesund«, sagte Vati mitfühlend zu mir. »Und ich fürchte, wir müssen uns mit dem Gedanken vertraut machen, Poldi bald einschläfern zu lassen.«

Dieser Gedanke brach mir das Herz. Doch nicht nur mir, auch meine Eltern hatte ich in meinem ganzen Leben noch nie so niedergeschlagen erlebt.

»Aber warum? Und wann ist der richtige Zeitpunkt?«

»Spätzchen, Poldi ist unheilbar krank, er frisst gar nichts mehr. Er leckt nur noch am frischen Beton im Keller, dort, wo wir gebaut haben. Er hat seit zwei Tagen nicht mal mehr etwas getrunken …« Mutti rang um Fassung. Meine Tränen konnte ich nicht länger zurückhalten, und ich schluchzte laut auf. Mutti legte beide Hände auf meine Unterarme. »Wir wollen Poldi doch nicht unnötig quälen.« Nun musste auch Mutti weinen, und wir nahmen uns in den Arm, um uns gegenseitig zu trösten. Es half nicht.

»Glaub mir, Sebastian, es führt kein Weg daran vorbei. Wir haben alles versucht«, sagte Vati. Eine Weile schwiegen wir. Mutti putzte sich die Nase und trocknete ihre Augen.

»Dann soll er wenigstens zu Hause eingeschläfert werden und nicht auf einem kalten Arzttisch sterben«, sagte ich bestimmt. Nun hatte auch Vati Tränen in den Augen. Er versprach, das mit der Ärztin zu klären.

Nachdem wir den Tisch abgeräumt hatten, ging ich in die Werkstatt, wo Poldi zusammengerollt und apathisch in seinem Körbchen lag. Ich streichelte ihn still. Dann hob ich ihn vorsichtig hoch und ging mit ihm nach oben. Als wir an der Küche vorbeikamen, hörte ich Mutti wieder leise weinen. In meinem Zimmer legte ich Poldi behutsam ans Fußende meines Betts. Er ließ alles mit sich geschehen und machte keinen Mucks. In seiner letzten Nacht wollte ich meinen treuen Freund, Bruder und Gefährten bei mir haben. Natürlich hätte ich alles gegeben, Poldi so lange wie möglich bei uns zu behalten. Ich musste jedoch einsehen, dass jeder Tag mehr eine zusätzliche Qual für ihn bedeutet hätte. Diesen lieben, einstmals so starken, eigenwilligen, stolzen und unbesiegbaren Kater leiden zu sehen tat mir in der Seele weh.

Es hatte eine Weile gedauert, bis wir herausgefunden hatten, was Poldi fehlte. Mutti war im Herbst 1996 aufgefallen, dass mein kleiner Bruder ungewöhnlich ruhig geworden war, nicht mehr rauswollte und einen traurigen Gesichtsausdruck hatte. Irgendwann fraß er weniger als sonst, fing an, sich zu übergeben, und wurde immer schwächer. Da sich die Ärztin anfangs keinen Reim auf die Symptome machen konnte, verabreichte sie ihm Medikamente wie bei einem Infekt. Sie schlugen nicht an, Poldis Zustand verschlechterte sich weiter. Im Januar 1997 ließen wir einen Bluttest machen. Das Ergebnis: Katzen-Aids, das er sich in einem seiner vielen Kämpfe geholt haben musste. Danach kauften wir Spezialfutter, und Poldi bekam viele Spritzen. Danach ging es ihm für eine Weile besser. Doch die Abstände, in denen er die Spritzen brauchte, wurden immer kürzer, bis sie gar nicht mehr halfen.

All das überlegte ich, während Poldi regungslos am Fußende meines Betts lag. Mutti rief die Ärztin gleich am nächsten Morgen an. Wir hatten vereinbart, dass Vati zu Hause bleiben würde, sollte sie unserem Vorschlag zustimmen und noch am selben Tag zu uns kommen. Nach einer schlechten Nacht verabschiedete ich mich von Poldi, ich musste ja in die Schule. Es fiel mir wahnsinnig schwer, auch wenn ich wusste, dass Vati auf mich warten würde, sollte die Ärztin tatsächlich schon heute kommen. War es wirklich das letzte Mal, dass ich mich von Poldi verabschiedete, bevor ich zur Schule ging? Und wie wird es sich anfühlen, nach Hause zu kommen, und kein Poldi ist mehr da?

Zum Tag in der Schule kann ich nichts sagen. Ich erinnere mich nur an Vati, der mir mittags zu Hause die Tür aufmachte, mich in den Arm nahm und sagte, dass die Ärztin bald kommen würde. Schulrucksack und Jacke ließ ich achtlos von meinen Schultern rutschen und ging gleich in die Werkstatt, in der Poldi in seinem Körbchen lag. Ich streichelte ihn. Kein Schnurren, seine Augen blieben geschlossen, kein Milchtritt. Ich ging wieder nach oben. Auf dem Esszimmertisch stand der Rest Suppe vom Vortag. Schweigend starrten Vati und ich auf unsere Teller. Rührten mal in die eine, mal in die andere Richtung, führten ab und zu den Löffel an den Mund, ohne wirklich etwas zu schmecken. Einzige Unterbrechung war Vatis Blick auf die Uhr, ob Mutti es nicht vielleicht doch rechtzeitig aus der Redaktion schaffen würde.

Beim Klingeln an der Tür schreckten wir auf. Die Tierärztin, eine große, schlanke Person im Alter meiner Eltern, reichte uns mit mitfühlendem Blick die Hand. Vati nahm ihr den hellen Mantel ab, und gemeinsam gingen wir in den Keller. In dem Moment, als sich die Ärztin zu Poldi hinunterbückte und beruhigend auf ihn einredete, was für ein guter, tapferer Kerl er doch sei und dass gleich alles besser werden würde, konnte ich nicht mehr. Ich weinte hemmungslos, und auch Vati kämpfte mit den Tränen.

Dann ging alles sehr schnell. Poldi bekam eine Beruhigungsspritze, seine Atmung verlangsamte sich. Es waren tiefe Züge, und der Abstand zwischen ihnen wurde immer größer. Ich konnte sehen, wie sich mein kleiner Bruder entspannte.

»Ach, Poldi, mein Poldi«, murmelte ich, als die tödliche Dosis folgte. Vati hockte hinter mir, während ich im Schneidersitz auf dem Boden saß. Seine Hände ruhten auf meinen Schultern. Er hielt mich fest. In dem Moment hörten wir Schritte auf der Treppe. Mutti.

»Oh, nein, ich bin zu spät«, rief sie. Die Ärztin, die gerade ihre Utensilien zusammengepackt hatte, zog sich zurück.

»Ach, Poldi, es tut mir so leid!« Mutti fasste ihn behutsam unter seinen Vorderbeinen und hob ihn hoch. Alles hing schlaff an ihm herunter. Mutti drückte Poldi an sich, strich ihm mit einer Hand über den noch immer schönen Kopf und weinte.

»Poldis Seele ist nun im Katzenhimmel«, sagte ich, nachdem wir uns wieder etwas gefangen hatten.

»Wo wollen wir ihn beerdigen?«, fragte Vati. Eigentlich hätte die Tierärztin ihn mitnehmen müssen, da Tierkadaver in Deutschland entsorgt werden müssen.

»Dieser große Kater bekommt einen Ehrenplatz. Eingekuschelt in seine Lieblingsdecke, mit seinem Lieblingsspielzeug, gehört er unter den Wacholderbaum. Da soll er bitte liegen.«

»Gut, so machen wir es«, stimmte Mutti mit dem Anflug eines Lächelns zu.

Poldi war nicht der Einzige, der in diesem Jahr von uns ging und eine riesige Lücke in unserer Familie hinterließ. Kein halbes Jahr später, im Oktober 1997, starb mein Opa Gerhard. Der beste und liebste Opa der Welt. Er fehlt mir immer noch sehr.

Mit ihm hatte ich ein gutes Jahr zuvor »Männerurlaub« in Prieros gemacht. In jener Woche schlief ich nicht wie sonst auf dem Sofa in der Hütte, sondern in meinem kleinen lilafarbenen Zelt in der Nähe des Holzschuppens.

»Guten Morgen! Aufstehen, Sebastian«, weckte mich Opa gleich am Tag nach unserer Ankunft.

»Was ist?« Noch ganz verschlafen – meine Ferien hatten gerade erst begonnen – öffnete ich den Reißverschluss meines Zelts und lugte hinaus. Opa lehnte in Shorts und Unterhemd entspannt an einem der dicken Kiefernstämme. Wie spät war es eigentlich?

»Nach dem Schwimmen gestern Abend kam mir in den Sinn, aus unserer Männer- eine Trainingswoche zu machen«, sagte Opa.

»So? Ich kann doch bereits sehr gut schwimmen«, erwiderte ich.

»Ich denke eher an tauchen. Du erzählst mir ständig fasziniert, was deinem Vater beim Schnorcheln hier im

See alles begegnet.« Stimmt. Nach jedem Tauchgang berichtete Vati von irgendwelchen Hechten, Barschen und Rotfedern, die er gesehen hatte. »Ich finde, dass es an der Zeit ist, dass du es auch lernst«, schloss Opa.

Noch vor dem Frühstück zeigte er mir, welche Lockerungsübungen Sportler machen. In leichtem Laufschritt rannte ich zunächst ums Zelt, machte dann Hopserlauf und ließ meine Arme kreisen.

»Das sieht schon gut aus. Warm genug?« Ich nickte. »Dann hol mal deine Schwimmbrille.« Ich verschwand in der Hütte und zog meinen blau-roten Bademantel über. Den habe ich in Prieros immer dabei, da es angenehm ist, nach dem Schwimmen hineinzuschlüpfen. Vor allem am Abend, wenn es kühler ist.

»Damit du ein Gefühl fürs Tauchen entwickelst, gehen wir erst mal in die Badebucht von Nell.« Meinen Bademantel legte ich auf einen Baumstumpf und benetzte die Brillengläser mit Wasser, damit sie nicht beschlugen. Dann folgte ich Opa in den See. Das Wasser in Ufernähe war angenehm warm. Wir hatten bis dahin einen schönen Sommer gehabt. Als mir das Wasser bis zum Bauchnabel reichte, blieb Opa stehen.

»So, als Erstes hältst du die Luft an. Dann tauchst du unter. Lass die Augen auf, und beweg dich nicht. Wenn du nicht mehr kannst, kommst du wieder hoch. Alles klar?« Ich nickte wieder und machte, was Opa gesagt hatte. Überwinden musste ich mich nicht, denn inzwischen liebte ich das Schwimmen in unserem See sehr.

»Und?«, wollte er gleich wissen, nachdem ich wieder aufgetaucht war.

»Es war ein schönes Gefühl, irgendwie leicht, als würde man fliegen.« Opa klopfte mir mit seiner rechten Hand anerkennend auf die Schulter.

»Hast du auch was gesehen?«

»Ja, ich habe das Schilf und die Schlingpflanzen erkennen können.«

»Ich denke, das reicht, wir trainieren heute Abend noch mal.« Von der Bucht aus schwamm ich noch schnell zu unserem Steg, denn damals sprang ich leidenschaftlich gern ins Wasser. Arschbomben machten mir am meisten Spaß. Heute lasse ich mir Zeit, mache mich erst nass, bevor ich schwimme. Es ist besser für den Kreislauf, außerdem möchte ich mich nicht stoßen.

Am Nachmittag machten wir einen Spaziergang im Wald und sammelten Pfifferlinge, die Opa mit seinem kleinen grauen zusammenklappbaren Taschenmesser putzte. Beim Schneiden half ich ihm. Anschließend brieten wir die Pilze in der Pfanne mit Butter, Zwiebeln und viel Speck und gaben noch Pfeffer und Salz dazu. Eine meiner Lieblingsspeisen in Prieros.

»Bereit für den zweiten Tauchgang?«, fragte Opa nach dem Abwaschen. Wie am Morgen machte ich meine Lockerungsübungen. Diesmal gingen wir nicht in die Bucht von Nell, sondern ich sollte versuchen, vom Steg aus zu tauchen. Opa ging schon mal vor, da ich noch meinen Bademantel anziehen wollte und die Brille holen musste. Auf halbem Weg zum Steg ertönte plötz-

lich ein langgezogenes »Henryyyyyyyyyyyyyy Maaaaaskeeeeeeeeee«. Mit der Kapuze meines Bademantels auf
dem Kopf ballte ich automatisch meine Hände zu Fäus-
ten, wie es der Boxer immer gemacht hat, wenn er sich
dem Ring näherte. Meine ganze Familie hat sich seine
Kämpfe gern im Fernsehen angeschaut. Henry Maske
war so elegant und hat seine Gegner nicht einfach k. o.
geschlagen, sondern wegen seiner Technik gewonnen.

»Darf ich Ihnen Ihren Mantel abnehmen?«, fragte Opa.

»Sehr gern, mein Herr.« Anschließend setzte ich meine
Schwimmbrille auf, stieg die Leiter runter, und Opa
erklärte mir, worauf ich achten sollte. Bis zur Brust im
Wasser stehend, hielt ich mich rücklings fest. Dann holte
ich wieder tief Luft, stieß mich mit ganzer Kraft von der
unteren Sprosse ab und machte drei Schwimmzüge,
während ich den Kopf unter Wasser hielt. Angst hatte
ich keine, gesehen habe ich bei diesem Versuch trotzdem nichts, da ich alles richtig machen wollte. Zum Steg
zurück schwamm ich dann normal, mit dem Kopf über
Wasser.

»Ich bin zufrieden, das Gleiche bitte noch mal«, lobte
mich Opa, während er mir den Bademantel reichte.

»Okay!« Ich ging zurück zur Hütte, zog die Kapuze
über den Kopf und machte meine Faust. An derselben
Stelle wie vorher rief Opa: »Henryyyyyyyyyyyyyy
Maaaaaskeeeeeeeeee.« Von der Stegleiter stieß ich mich
wieder kräftig nach unten ab und schwamm mit dem
Kopf unter Wasser los, wobei ich schon zwei Züge weiter kam.

»Du bist der Champion«, sagte Opa diesmal. »Versuch doch mal, auch zurückzutauchen.«

»Schaff ich das?«

»Klar, tauch so weit, wie es geht, dann holst du Luft, drehst um und tauchst zu mir zurück.«

»Okay.« Die Zahl der Züge blieb erst mal dieselbe. Ich tauchte kurz auf und wollte wenden. Aber ich hatte beim Atemholen Wasser in die Nase bekommen und musste husten.

»Los, gleich noch mal«, ermunterte mich Opa. »Du bist doch Henry Maske, der Champion.«

So trainierten wir die ganze Woche weiter, morgens und abends. Das eigentlich Schwierige war, durch die Aus- bzw. Einfahrt des breiten Schilfgürtels zu tauchen, da es dort irgendwie unheimlich ist und man schnell die Orientierung verlieren kann. Doch irgendwann habe ich es gut gepackt. Gegen Ende der Woche reichte meine Luft sogar so weit, dass ich drei Züge über den Rand des Schilfgürtels hinaus tauchen konnte.

Genau an dem Tag kam dann Marianne nach, Opas Frau. Sie hatte bis einschließlich Freitag arbeiten müssen. Früher hatte sie an der Hochschule für Ökonomie in Karlshorst einen Lehrauftrag gehabt, jetzt schrieb sie für die Marzahner Regionalzeitung.

»Großartig, Sebastian!«, rief sie beifallklatschend, als ich zurück auf den Steg stieg, von wo aus sie mir mit Opa beim Tauchen zugeguckt hatte. »Da werden deine Eltern aber Augen machen, wenn sie dich Sonntag abholen.«

Und was für Augen sie machten, als sie nichtsahnend zwei Tage später nach Prieros kamen.

»Wir hatten ein sehr erfolgreiches Trainingslager«, hatte Opa sie am Tor zum Grundstück begrüßt. »Wir müssen euch etwas zeigen.«

»Jetzt gleich?«, fragte Mutti. »Und wo ist eigentlich Sebastian?«

Ich hielt mich in der Hütte versteckt, und Opa führte meine verwunderten Eltern zum Steg.

Ich war ganz schön aufgeregt, wusste aber, dass ich bestens vorbereitet war. Entsprechend genoss ich es, den Weg zum Steg zum sicher hundertsten Mal zurückzulegen. Die Brille hatte ich bereits auf. Als das laute »Henryyyyyyyyyyyyyyy Maaaaaskeeeeeeeeee« erklang, beschleunigte ich meinen Schritt noch ein bisschen. Mit einer feierlichen Geste nahm Opa mir dann den Bademantel ab und legte ihn sich über den Arm. Mutti und Vati schauten sich nur an und sagten kein Wort. Bestimmt dachten sie: »Was ist denn jetzt los?«

Mit einem Satz sprang ich ins Wasser, nahm meine Position auf der Leiter ein und pumpte so viel Luft in meine Lunge, dass ich einen Moment dachte, sie würde gleich platzen. So fest ich konnte, stieß ich mich ab und schwamm Zug um Zug. Ein wunderbares Gefühl. Im Licht der Spätnachmittagssonne stiegen vor mir gluckernd Luftblasen auf. Kurz bevor ich auftauchte, sah ich noch einen Barsch in den Schlingpflanzen verschwinden. Auch der Rückweg nach dem Wenden – ohne Wasser zu schlucken – war ein Kinderspiel.

Meine Eltern applaudierten tosend und Vati streckte mir seine Hände an der Leiter entgegen. Bevor ich in meinen Bademantel schlüpfen konnte, drückte er mich fest an sich. Auch Mutti war happy und außer sich vor Freude – und ich war mächtig stolz, dass ich es geschafft hatte.

»Eine tolle Leistung, Sebastian«, lobte Vati mich.

»Ja, wir haben einen wunderbaren Sohn, Rainer«, pflichtete Mutti ihm bei. Ich strahlte, denn damit, dass ich nun auch noch tauchen konnte, hatte ich meinem Schwimmerfolg die Krone aufgesetzt. Als wir uns nach dem Abendessen auf den Weg nach Hause machten, bedankte ich mich bei Opa Gerhard für das Training. Es war eine unvergessliche Woche, und ich finde es sehr traurig, dass er meine späteren Erfolge nicht mehr miterleben konnte.

Opa zu verlieren war sehr schmerzvoll, auch wenn uns sein Tod – wie bei Poldi auch – nicht ganz unvorbereitet traf. Man kann noch so oft darüber sprechen, aber wenn es so weit ist, ist es doch schrecklich und unbegreiflich. Der Gedanke, dass wir uns nie wiedersehen werden, nie mehr miteinander reden und lachen können, tut mir immer noch sehr weh.

LOST
LOVE
LOST

Das schmeckt lecker, willst du das nicht auch neh-men?«, fragte Jessy, die an der Theke ihr Essen bezahlte.

»Meinst du?« Eigentlich hatte ich mich für den Grüne-Bohnen-Eintopf entschieden.

»Ja, die Quiche habe ich hier schon mal gegessen. Ich kann sie empfehlen.« Das klang sehr vielversprechend.

»Weißt du was? Ich lade dich ein.«

»Ja gerne!« Mit unseren Tellern setzten wir uns an einen der runden schwarzen Tische im Pausenraum. Jessy und ich arbeiteten seit zwei Monaten in derselben Werkstatt und gingen in dieselbe Klasse beim Zukunftswerk Jugend e. V. Anfangs hatte ich sie nur beobachtet und irgendwann mitbekommen, dass wir ähnliche Interessen hatten. Richtig unterhalten hatten wir uns aber noch nie.

»Kochst du gern?«, begann ich vorsichtig unser erstes Gespräch.

»Oh, ja, vor allem Pudding.« Jessy lächelte, während sie sich ihre blonden Locken aus der Stirn strich. Eigentlich heißt sie Jessika, doch alle nennen sie Jessy.

»Und, was machst du heute noch?«

»Ich gehe nachher schwimmen.«

»Ach, trainierst du in einem Verein?«

»Nein, ich schwimme wegen meiner Hüfte.« Jessys unsicherer, leicht schaukelnder Gang war mir schon aufgefallen. Ihre Art, sich zu bewegen, erinnerte mich ein bisschen an ein Schiff. »Hattest du einen Unfall?«

»Nein, es gab einige Probleme bei meiner Geburt. Und meine Hüfte war von Anfang an kaputt. Ich bin schon ein paarmal operiert worden, seitdem ist es besser.« Jessy schaute auf den Boden.

»Verstehe. Ich musste früher auch zum Schwimmen. Heute mache ich das nur zum Spaß.« Ich erzählte Jessy von Prieros und davon, wie schön es dort ist.

»Sebastian, räumst du bitte mit ab?«, unterbrach Herr Kieckbusch unsere Unterhaltung. Er war der Küchenchef, und ich mochte ihn, weil er mir in Ruhe erklärt hatte, wie die Arbeit in der Kantine funktioniert.

»Hättest du Lust, bald mal mit mir in ein Restaurant zu gehen?«, fragte ich Jessy noch, bevor ich den anderen aus der Spülgruppe half, das Geschirr in die Küche zu bringen.

»Ja, gern!«

Das war ja gar nicht so schwer, dachte ich, als ich kurz darauf das Besteck mit klarem Wasser abspülte. Jessy war das schönste Mädchen in meiner Gruppe, und sie lachte gern. Ich dachte, was für ein Glück, dass meine berufsvorbereitende Schule von Weißensee nach Hohenschönhausen umgezogen war, sonst hätte ich Jessy ja nie kennengelernt. Ich hatte wie sie im August 1997 – allerdings am Weißenseer Standort – eine berufsvorbereitende Ausbildung im Zukunftswerk Jugend e. V. begonnen. Das ist eine Einrichtung, die Jugendliche mit Lernbehinderung beziehungsweise ohne Schulabschluss oder jene, die schlecht Deutsch sprechen, an den ersten Arbeitsmarkt heranführt. Darauf gebracht hatte mich Herr Koch, mein Berater beim Arbeitsamt Berlin Nord. Wie Mutti und Vati war er gleich beim ersten Beratungsgespräch der Meinung, dass ich so lange wie möglich gefördert werden sollte, und er hat auch alles dafür getan. Die Hilfsschule II, die 1991 in Schule an der Heide (für Lernbehinderte) umbenannt wurde, hatte ich von 1986 bis 1995 besucht. Ich bin dort gern hingegangen und saugte alles Wissen förmlich in mich auf. Die intensive Förderung meiner Eltern hatte mich angespornt, ich wollte immer so viel wie möglich lernen. Ich ließ mich auch dann nicht entmutigen, wenn es mal ein Problem gab. Ich wollte weiter Fortschritte machen und an mir arbeiten. Ich war mir immer sicher, dass ich noch längst nicht alles erreicht hatte, was ich schaffen will.

Nach den Sommerferien 1995 wechselte ich an eine Berufsschule in Pankow. Vorher hatte ich technischnaturwissenschaftlichen und auch Englischunterricht gehabt. In Englisch und in Deutsch hatte ich eine Eins, im Zeugnis der achten Klasse steht sogar, dass meine »Leistungen im muttersprachlichen Bereich beispielgebend« waren. An der neuen Schule wurde hingegen nur experimentiert und gebastelt. Das hieß für uns Schüler Werkeln mit Holz, Arbeiten im Schulgarten, ein bisschen technisches Zeichnen. Das vorher erworbene Wissen war so nachhaltig, dass ich in den ersten Jahren in der Berufsschule davon profitierte. Anders kann ich mir die guten Noten in meinem Abschlusszeugnis nach der zehnten Klasse nicht erklären. Danach aber ging die gewerbliche Orientierung so weit, dass die Lehrer eines Tages geschlossen eine Weiterbildung im Spinnen machten und der Unterricht einfach ausfiel. Das kam sowieso ziemlich häufig vor. Ich weiß nicht, ob sie es mit dem Spinnen wörtlich genommen haben … Der Lehrstoff nahm jedenfalls rapide ab, ich konnte immer weniger aus dem Unterricht mitnehmen, kam auch mit einigen Lehrern gar nicht zurecht. 1997 verließ ich die Schule ohne Abschluss nach der elften Klasse und ohne eine Ahnung davon, wie es weitergehen sollte. Ich hatte gehofft, eine Orientierung für meinen späteren Beruf zu bekommen. Nur eines war auf jeden Fall klar: Gärtner konnte ich nicht werden, weil ich Heuschnupfen habe und wohl auch nicht stark und groß genug war. Das hatte ich bei einem Praktikum in einer Gärtnerei gemerkt, obwohl es mir dort so gut gefiel, dass ich gleich noch ein paar Wochen dranhängte. Mit der Holzbearbeitung stand ich auf Kriegsfuß. Zwar gefielen mir der Duft des Holzes und seine schön gemaserte Oberfläche. Aber der Umgang mit den verschiedenen Handwerkszeugen fiel mir manchmal schwer. Nun stand ich also vor der großen Frage, wie es weitergehen sollte. Herr Koch vom Arbeitsamt half und bewilligte mir einen Ausbildungsplatz im Zukunftswerk Jugend e. V.

Die Ausbildung dort ab dem Spätsommer war wie eine Erlösung. 1997 war bis dahin wirklich kein gutes Jahr gewesen. Wenn ich an diese Zeit zurückdenke, habe ich das Gefühl, dass meine Familie und ich nach dem Tod meines Katers und vor allem, seit mein Opa gestorben war, dauertraurig waren. Besonders Mutti, die eigentlich einer der positivsten und strahlendsten Menschen ist, die ich kenne. Sie kann noch so viel zu tun haben – abgesehen von ihren kurzen und heftigen Ausrastern ist sie immer gut drauf, erzählt lebhaft und viel, lacht gern und macht mit Vati und mir Späße. Das war in diesem Jahr aber nur selten so. Mein Wechsel zum Zukunftswerk Jugend war also eine gute Ablenkung. Das Umfeld, die Inhalte und der Tagesablauf waren neu und spannend – ich fühlte mich endlich wieder richtig gefordert. Das fing schon bei der Fahrt dorthin an. Bisher hatte ich nur kurze Wege in die Schule gehabt, nun musste ich viel weiter fahren. Nicht nur mit der Straßenbahn, auch mit dem Bus. Ich hatte plötzlich einen ganzen Arbeitstag zu bewältigen, mit völlig neuen Aufgaben. Und der Unterricht hieß nun Bildungsmaßnahme. Die erste Maßnahme, an der ich teilnahm, war im Berufsfeld Textil. Dort lernte ich zum Beispiel den richtigen Umgang mit der Nähmaschine und allerlei verschiedene Materialien kennen. Ich nähte selbst kleine Nadelkissen, Einkaufsbeutel und Taschen. Der kleine Frosch, den ich in dieser Zeit aus blauem Stoff genäht habe, sitzt noch heute auf der Schreibtischlampe bei Mutti auf der Arbeit.

Außerdem bekam ich Stützunterricht in Deutsch und Mathe und ging einmal wöchentlich in die Berufsschule. Gleich von der ersten Stunde an habe ich mich besonders gut mit der Deutschlehrerin Frau Missal verstanden. Endlich hatte ich wieder eine Lehrerin, bei der mein Lieblingsfach so richtig Spaß machte. Sie war immer fröhlich und konnte unheimlich lustig die unterschiedlichen deutschen Dialekte nachahmen. Außerdem machte ich in der Wäscherei des Kinderheims Berlin-Blankenburg ein Praktikum. Dort habe ich Wäsche sortiert, Waschmaschinen und Wäschetrockner bedient, Wäsche zum Trocknen aufgehängt, gebügelt und ausgebessert.

Doch vor allem interessierte ich mich für eins: Ich hatte nun mit Jessy geredet und wollte sie unbedingt besser kennenlernen. Einen bestimmten Typ Frau hatte ich vorher nicht im Kopf gehabt. Schön sollte meine zukünftige Freundin sein, das traf auf Jessy schon mal zu. Und sie sollte etwas von Romantik verstehen. Zum Beispiel sich im Garten bei Mondschein zu küssen, stellte ich mir schön vor. Ich wünschte mir, ihr nahe zu sein, sie zu liebkosen, zu streicheln und zu berühren.

Sexualkundeunterricht hatte ich in der Schule gehabt, doch das meiste hatte ich aus einem *Was ist was*-Buch zum Thema Fortpflanzung und den *American Pie*-Filmen erfahren. Über all das und darüber, was Liebe überhaupt ist, hatte ich natürlich auch ausführlich mit Mutti und Vati gesprochen.

Meine Einladung setzten Jessy und ich bald bei meinem Lieblingsitaliener um. Die Pizza schmeckt dort phantastisch. Anschließend brachte ich Jessy zur Bahn, wo wir uns zum Abschied nur lange die Hand gaben. Mehr passierte erst mal nicht. Nach einer Weile führte sie mich wieder zum Essen aus, und so ging es immer weiter. Wir gingen meistens in Restaurants und Cafés im Zentrum Berlins, weil Jessy und ihre Familie in Treptow wohnten. Genauer gesagt, lebten sie in Altglienicke, was von Pankow aus gesehen am anderen Ende der Stadt liegt. Mal entschieden wir uns für die deutsche oder die italienische Küche, wir gingen aber auch zu McDonald's. Asiatisches Essen, neben österreichischen Mehlspeisen meine Leib-und-Magen-Gerichte, war leider nicht Jessys Fall.

Ganz allmählich entwickelte sich etwas zwischen uns, und Anfang Dezember funkte es dann richtig. Es war ein Donnerstag. Auf dem Weihnachtsmarkt am Alex hatten wir heiße Schokolade getrunken und Spritzgebäck gekauft und warteten wieder mal auf Jessys S-Bahn. Um uns herum war ein ganz schönes Gedränge. Es wimmelte nur so von Menschen mit ihren Weihnachtseinkäufen. Plötzlich schoss es aus mir heraus: »Jessy, möchtest du mit mir zusammen sein?«

»Ja, das möchte ich. Willst du denn auch mit mir zusammen sein?«, antwortete Jessy nach längerem Überlegen auf meine Frage.

»Ja! Lass es uns miteinander versuchen.«

Zum Abschied umarmte ich Jessy und küsste sie vorsichtig. Wir waren beide etwas unbeholfen, aber das machte nichts. Wichtig war jetzt nur, dass wir ein richtiges Paar waren.

»Bis morgen, Liebste«, murmelte ich, als die Bahn wenig später einfuhr. »Ich freue mich auf dich.«

Meinen Eltern, mit denen ich über fast alles spreche, hatte ich von den Treffen mit Jessy zwar erzählt. Trotzdem verriet ich ihnen erst mal nicht, dass wir nun zusammen waren. Denn wenn mich etwas sehr bewegt – positiv wie negativ –, behalte ich es immer erst mal am liebsten für mich. Ich musste mich ja selbst daran gewöhnen. Zu Hause angekommen ging ich gleich in mein Zimmer. Ich war glücklich und stolz und genoss das Gefühl, endlich eine Freundin zu haben.

Den anderen in der Ausbildung war gleich klar, dass Jessy und ich ein Paar waren. Manche von ihnen prophezeiten, es würde nicht lange halten. Sie fragten mich, ob es mich nicht störe, dass sie wegen ihrer Hüfte komisch läuft. »Ach, das macht nichts. Niemand ist perfekt«, sagte ich dann. »Ich mag sie so, wie sie ist, und wir werden sehen, wie es weitergeht.«

Ganz anders war die Reaktion meiner Eltern, als wir am nächsten Samstagvormittag frühstückten. Das ist für unsere Familie die wichtigste Mahlzeit, weil wir uns in aller Ruhe unterhalten können. Es gibt dann Brötchen, Croissants, Käse, Aufschnitt, ein gekochtes Ei oder Ei im Glas, Marmelade, Kaffee und Tee. Manchmal sitzen wir bis 12 Uhr mittags am Tisch und reden und reden.

»Ich habe jetzt eine Freundin«, platzte es irgendwann aus mir heraus. Mutti schaute mich an.

»Das ist ja schön! Ist es Jessy?« Ich nickte. »Lass dich mal drücken, mein Sohn«, sagte sie. »Bist du glücklich?«

»Und wie.«

»Ehrlich, Sebastian. Es ist toll, dass es endlich geklappt hat.« Auch Vati gratulierte mir. Nicht nur der Gedanke an Jessy erfüllte mich mit Wärme, ich freute mich auch, Mutti nach einer gefühlten Ewigkeit wieder strahlen zu sehen.

»Lad Jessika doch mal fürs Wochenende ein«, schlug sie vor, nachdem ich erzählt hatte, dass sie in Altglienicke wohne. »Wir könnten zusammen kochen, was meinst du?«

»Das ist eine gute Idee. Ich frage Jessy am Montag, ob sie nächstes Wochenende schon was vorhat.«

Nachdem wir das Treffen vereinbart hatten, telefonierte Mutti mit Jessys Eltern. Sie fragte nach, ob es in Ordnung wäre, wenn Jessy bei mir übernachtet, und wann und wie sie zu uns kommen würde. Dann überlegten wir, was wir essen könnten. Die Wahl fiel auf Nudelpfanne und Salat, hinterher sollte es Schokoladenpudding mit Vanillesoße geben.

Mit einer Mischung aus Vorfreude und leichter Anspannung ging ich ins Bett. Mir war wichtig, dass meine Eltern und Jessy sich verstehen und mögen. Welchen Eindruck würde sie auf Mutti und Vati machen? Wie würden sie auf meine Freundin reagieren und sich ihr gegenüber verhalten? All das ging mir durch den Kopf, während ich darauf wartete, endlich einzuschlafen.

Meine Sorge erwies sich als vollkommen unbegründet. Mutti und Vati empfingen Jessy mit großer Herzlichkeit. Sie mochten sie, hurra! Zur Feier des Tages machte Vati eine Flasche Sekt auf. Danach waren Jessys Wangen leicht gerötet, was ich richtig süß fand. Sie fühlte sich wohl und erzählte von ihrem schwarzen Mischlingshund Blacky. Zwischen Jessy und meinen Eltern schien es zu passen, und ich war einfach nur happy.

»Bevor wir gleich alle beschwipst sind, fangen wir besser mal an, das Essen vorzubereiten.« Mutti war zwischendurch kurz verschwunden, um aus dem Keller die Zutaten für unser Essen zu holen. Es ging inzwischen auf Mittag zu.

»Was kann ich tun?«, wollte Jessy wissen.

Mutti überlegte kurz. »Wasch doch schon mal die Paprika, Tomaten und Zucchini für die Nudelpfanne. Sebastian schneidet alles klein, denn er ist bei uns der Schnippel-Meister«, wies Mutti sie an. »Ich kümmere mich um den Salat und die Nudeln. Du kannst dann darauf achten, dass sie nicht am Boden anpappen. Also immer schön umrühren. Wollen wir es erst mal so machen?« Jessy nickte.

Als alles geschnitten war, deckte ich den Tisch. Durch das Wohnzimmerfenster sah ich, dass Vati noch schnell den Garten winterfest machte und Erde auf die Rosensträucher schüttete. Dann zupfte er einzelne, übrig gebliebene Blätter aus der Konifere, unter der wir Poldi beerdigt hatten.

»So, den Rest mache ich allein. Kannst du bitte schon die Untersetzer und die Getränke ins Esszimmer bringen, während ich den Pudding umfülle und die Soße anrühre?«, hörte ich Muttis Stimme aus der Küche. Aha, sie wird nervös, weil es ihr nicht schnell genug geht, dachte ich. Wie bei mir, da ich für manches länger brauche. Mit Jessy ging es ihr offensichtlich ähnlich.

Die Stimmung beim Essen war locker. Anschließend machten Jessy und ich einen Spaziergang im Bürgerpark Pankow. Zwischendurch mussten wir immer mal wieder eine Pause einlegen, weil Jessy nach längerem Laufen Schmerzen hatte.

»Okay, setzen wir uns kurz. Dann laufen wir aber bitte weiter«, sagte ich. Nach der dritten Unterbrechung merkte ich, dass die Bewegung Jessy guttat. Nach einer Weile konnten wir sogar den Schritt beschleunigen und ein wenig rennen.

Zu Hause gab es dann Kaffee und Kuchen. Wir hatten viel Zeit, denn es war ja verabredet, dass Jessy wegen des weiten Wegs nach Altglienicke bei mir übernachtete. Ich hatte zwei Videofilme ausgesucht, von denen ich einen mit ihr ansehen wollte. Beides Disney-Filme, *Pocahontas* und *Der Glöckner von Notre Dame*. Wir machten es uns vor meinem Fernseher gemütlich. Mutti brachte uns einen Teller mit belegten Broten und eine große Kanne Kräutertee mit Honig. Vor dem Schlafengehen hörten wir noch ein bisschen Musik. Zu meiner großen Freude mochte Jessy Mozart – und so schob ich noch eine zweite Mozart-CD in den Player. Wir kuschelten uns unter der Bettdecke zusammen und schliefen Arm in Arm ein.

Am nächsten Morgen frühstückten wir ausgiebig. In

der Mitte des Esszimmertischs stand der Adventskranz, auf dem bereits die zweite Kerze brannte. Vati hatte den Kamin angefeuert, da es in der Nacht gefroren hatte. In den wenigen Gesprächspausen war ab und zu das Knistern der lodernden Holzscheite zu hören. Schön.

Anschließend fuhren wir zu viert nach Potsdam. Der gemeinsame Ausflug war ein Vorschlag meiner Eltern, und ich hatte Jessy gefragt, ob sie Lust auf einen Spaziergang im Schlosspark Sanssouci hätte. Ich verehre ja den Alten Fritz und hoffte, dass der Ausflug auch für Jessy interessant sein würde. Gerdi hatte mir schon früh Bücher über Friedrich II. geschenkt, und ich verschlang alles, was ich über ihn finden konnte. Jessy wusste nicht viel über den ehemaligen König Preußens. Ich erzählte ihr vom sogenannten Kartoffelbefehl: Der Alte Fritz hatte nicht nur die Kartoffel als landwirtschaftliches Erzeugnis einführen lassen. Alle Untertanen sollten vielmehr lernen, wie man sie anbaut und dass man sie essen kann. Noch mehr staunte Jessy, dass es Friedrich der Große gewesen ist, der die Trockenlegung des Oderbruchs anordnete und der Maulbeerbäume für die Seidenproduktion anpflanzen ließ. Als wir an seinem Grab standen — auf der unscheinbaren Steinplatte auf der Terrasse von Schloss Sanssouci hatten andere Verehrer Blumen und Kartoffeln abgelegt —, wollte Jessy wissen, wie er sonst so gewesen sei. Ich überlegte einen Moment, den Blick auf die fast unleserliche Inschrift gerichtet.

»Er war ein guter König, aber sehr eigenwillig«, antwortete ich schließlich. »Leben hätte ich mit ihm nicht wollen. Der Alte Fritz soll in die Ecken gemacht haben und hat wahrscheinlich gestunken wie die Pest, als er schon alt war, weil er sich nicht mehr waschen wollte.« Jessy kicherte bei dieser Vorstellung und stellte fest, dass der König wohl doch nichts für sie gewesen wäre.

»Er hat auch seine Frau, die Elisabeth Christine, nicht sehr gemocht. Sie durfte nicht mit ihm zusammenleben, sondern wohnte in einem kleinen Schloss in Schönhausen, in der Nähe unserer Wohnung.«

»Würdest du das mit mir auch so machen? Mich aussperren?«

»Nein, niemals. Ich mag dich doch viel zu sehr.«

»Sebastian, kommt ihr?«, unterbrach uns Vati. »Mutti und mir wird es langsam kalt.«

Oh, die beiden hatte ich ganz vergessen. Schnell hakte ich Jessy unter, und wir schritten die lange, ausladende Treppe, die zum Schloss führt, langsam hinunter. Mutti und Vati warteten auf dem ersten Absatz, die Hände in den Manteltaschen vergraben und von einem Fuß auf den anderen tretend.

»Friert ihr etwa?«, fragte ich kichernd. »Dann müsst ihr euch ein bisschen bewegen.«

»Werden Sie mal nicht frech, junger Mann!« Vati knuffte mich in die Seite. Die Kälte konnte mir gar nichts anhaben. Mir war so warm ums Herz wie nie zuvor in meinem Leben. An Jessys Art zu gehen hatte ich mich gewöhnt, und ich fand es schön, mit ihr durch den Park zu schlendern. Im Schatten waren der Rasen und die Zweige der Sträucher und Bäume immer noch mit Raureif bedeckt. Die weiße Folie, mit der die zahlreichen Statuen eingewickelt waren, um sie im Winter vor Frost zu schützen, leuchtete in der Sonne. Auf dem Weg zurück kamen uns Pärchen entgegen, am Chinesischen Haus spielten Kinder Fangen. Es war ein herrlicher Tag, den wir mit einem Stück Kuchen in einem Café im Holländischen Viertel beendeten.

Im neuen Jahr machte ich meinen Antrittsbesuch in Altglienicke. Jessys Eltern und ihr älterer Bruder nahmen mich freundlich auf. Etwas Angst hatte ich vor ihrem Hund gehabt, obwohl Jessy ihn mir als süß und harmlos beschrieben hatte. Ich habe allerdings große Angst vor Hunden, seit ich als Kind mit Uschi unterwegs war und wir gerade in den Weg zu ihrem Haus abbiegen wollten, als ein großer Hund aus einem Auto gesprungen kam und mich anbellte. Uschi ging sofort dazwischen und forderte die Hundebesitzerin auf, ihr Tier an die Leine zu nehmen. Die konnte die Aufregung und mein Weinen nicht verstehen. Ihr Hund liebe Kinder und ich solle keine Angst vor ihm haben. Das half mir in der Situation aber natürlich wenig. Wenn ich heute auf Hunde treffe, die mich beschnüffeln wollen oder wenn sie laut und aggressiv kläffen, zieht sich in mir alles zusammen. Blacky jedenfalls bellte erst, dann knurrte er mich ein bisschen an und war dann schnell lieb. Glück gehabt. Viel näher habe ich Jessys Eltern leider nicht kennengelernt, da wir die Wochenenden meistens in Pankow verbrachten, wo wir viel Platz hatten. Jessys Familie lebte in einer nicht ganz so großen Wohnung.

Mai 1978:
Nach den ersten
Wochen im
Krankenhaus
endlich zu Hause
auf Papas Arm.

*Vorlesestunde mit Mutti und Vati – da war ich drei Jahre alt und bekam von
Bilderbüchern nie genug. Später wollte ich so schnell wie möglich selbst lesen
und freute mich auf die Einschulung am 31 August 1986.*

Hitzesommer 1994:
Eis, Eis, Eis bei 40 °C
im Schatten im
Prieroser Waldrestaurant
»Tiefer See«.

18. Geburtstag. Ich bekam viele Glückwünsche und viele Geschenke.
Darunter waren wie immer Bücher. Und obwohl ich gerne feiere,
hätte ich am liebsten gleich alle gelesen.

Hamlet zu spielen war mein Traum. Im Theater RambaZamba hat er
sich in »Lost Love Lost«, einer Shakespeare-Adaption, erfüllt. Ich zeige
Hamlet, wie er zerrissen zwischen Liebe und Wahr. ins Verderben läuft.

Premiere von »Me Too« am 4. August 2010: Das Feuer
Spaniens in meinen Armen, dachte ich, als Hauptdarstellerin
Lola Dueñas mit mir vor dem Kino »Cinema Paris« stand, um
uns herum eine aufgeregte Menge von Fotografen. Ich war die
Synchronstimme ihres Filmpartners Daniel (Pablo Pineda),
der auch das Downsyndrom hat.

Buddy war unser Ranger, als wir 2009 die Xugana Island Lodge
in Botswana besuchten. Er fuhr meine Eltern und mich im
Boot durch das Wasserlabyrinth des Okavangodeltas. Seine
Lieblingsinsel erkundeten wir mit ihm zu Fuß, sahen Büffel
und Elefanten aus nächster Nähe. Er erklärte uns, wie man
Spuren liest und Kot bestimmt. Und er war glücklich, als er
während eines Bushwalk im dürren, trockenen Unterholz eine
feuerrote, kugelrunde Blume entdeckte: die Fire Lily.

April 2012: Mit Juliana Götze bei der Voraufführung von »So wie du bist«.

Meine Trophäe: Der »Bobby« 2014 für die Serie »Zeig mir Deine Welt«.

»Wir sind, verdammt nochmal, alle Menschen« – das sagte ich im Juli 2012 auf der Bundespressekonferenz zu einem neuen Bluttest.

Kai Pflaume besuchte für die Fernsehserie »Zeig mir Deine Welt« meine Grande Dame – Oma Uschi.

Im Theater RambaZamba:
Ohne Schauspiel kann ich mir mein Leben nicht vorstellen.

Seit ich Jessy kennengelernt hatte, war alles einfach nur schön. Die ganze Welt war wundervoll und heiter, voller intensiver Erlebnisse und Überraschungen. Wenn wir uns nicht sahen, dachte ich fast ständig an meine Liebste. Besonders froh war ich darüber, eine Freundin zu haben, die etwas mit mir gemeinsam unternimmt. Umgekehrt war Jessy glücklich, jemanden zu haben, der ihr Neues zeigt. Denn Altglienicke hat nicht sonderlich viel zu bieten, wenn man mal vom Spatzennest absieht, einer Freizeiteinrichtung für Menschen mit und ohne Behinderung. Dort hatten wir gemeinsam ein paar Nachmittage verbracht und waren einmal nach Rügen an die Ostsee gefahren. Wir gingen nach wie vor oft essen, spazierten durch Parks, machten Ausflüge. In Berlin besuchten wir Gedenkstätten und machten Touren, die in einem Buch über berühmte Berliner beschrieben waren, das ich von Gerdi bekommen hatte. Wir schauten uns das Haus von Marlene Dietrich in der Leberstraße in Berlin-Schöneberg an, das Schloss Tegel, wo die Humboldt-Brüder Wilhelm und Alexander ihre Kindheit verbracht hatten, sowie das Haus der Schriftstellerin Anna Seghers, die in Adlershof gelebt hat. Das Wohnhaus von Heinrich Mann in der Wilmersdorfer Fasanenstraße hatte ich Jessy ebenfalls gezeigt. Und nicht zu vergessen das Magnushaus am Kupfergraben – das war für mich besonders wichtig, weil dort Max Reinhardt, der große Theaterregisseur, gelebt hat.

Wir waren uns so nahe gekommen, dass wir von einer gemeinsamen Zukunft sprachen. Also heiraten, zusammen wohnen und leben. Unsere Bindung war so stark, dass unsere Beziehung das Ende der berufsvorbereitenden Ausbildung beim Zukunftswerk im Sommer 2000 überdauerte. Das war schon etwas Besonderes. Wir konnten zwar jetzt weniger Zeit miteinander verbringen, und es war viel aufwändiger, einander zu besuchen, aber trotzdem klappte es. Jessy arbeitete in einer Kantine, ich war in den Werkstätten der Diakonie in Berlin-Weißensee in den Bereichen Hotel, Küche und Hauswirtschaft beschäftigt. Wir sahen uns also nur noch am Wochenende. Ich glaube, das wohlige Gefühl, das mich beim Gedanken an Jessy erfüllte, an ihre anmutig fallenden Locken, ihre blauen Augen, ihr Lachen, ihre angenehme warme Stimme, ihr Parfum, das nach Vanille duftete und mich an gelbe Blumen erinnerte, wurde dadurch sogar noch gesteigert. Manchmal meinte ich fast zu platzen, wenn das nächste Wiedersehen bevorstand, so sehr freute ich mich.

Die Obstbäume im Garten meiner Eltern standen im Frühjahr 2002 in voller Blüte, als ich Jessy eines späten Abends an die Hand nahm und sie die Treppe hinunter ins Erdgeschoss meines Elternhauses führte. Ich hatte etwas Besonderes vor. Wie der Zufall es wollte, sah meine Liebste in ihrer weißen Bluse und der blauen Strickjacke ganz besonders hübsch aus. Mutti und Vati schliefen bereits. Feierlich küsste ich Jessys Hand, als wir die Küche erreicht hatten und ich die Tür zum Garten öffnete. Mit dem Zeigefinger meiner freien Hand an meinen Lippen gab ich ihr zu verstehen, weiterhin still zu sein. Jessy neigte ihren Kopf fragend zur Seite, folgte mir aber mit einem Lächeln weiter bis auf den Rasen. Das feuchte Gras glänzte im Schein des Mondes. Kein Laut war zu hören. Es duftete nach Erde und am wolkenlosen Himmel funkelten schier tausend Sterne. Für uns.

Vor dem weißen Rhododendron blieben wir stehen. Langsam löste ich meine Hand aus Jessys und legte den Arm um sie. Zärtlich streichelte ich ihre Schulter, auf die ihre Locken fielen. Ganz in den Moment versunken, wandte ich mich Jessy zu und zog sie vorsichtig an mich. Gott, sie war so schön. Ich schloss meine Augen, um sie zu küssen. Doch was war das? Mein Mund berührte fest aufeinandergepresste Lippen, und ich merkte, dass Jessy meine Umarmung nicht erwiderte und steif wie ein Stock dastand. Erstaunt hielt ich inne. In dem Moment wand Jessy sich aus meinen Armen und rannte ins Haus.

Wie verdattert stand ich da und wartete einen Moment, bis ich ihr nachging. Ich fand sie schließlich in meinem Zimmer auf dem Boden sitzend. Sie schien bekümmert, irgendwie niedergeschlagen. Ich hockte mich neben sie.

»Was ist los, Jessy?«, fragte ich irgendwann. »Bist du traurig?«

»Nein, bin ich nicht«, erwiderte Jessy. Und nach einer Weile: »Warum machst du das?«

»Sich im Garten bei Mondschein zu küssen ist romantisch!«

»Ich möchte das nicht.«

»Aber das machen Verliebte, Jessy. Es ist doch schön!«

Ich verstand die Welt nicht mehr. Jessy und ich hatten uns schon so oft leidenschaftlich geküsst. Warum sollten wir das nicht auch draußen im Licht des Mondes machen? Ich konnte es nicht nachvollziehen, war traurig und enttäuscht. Ich wollte Jessy nicht erklären, was Liebespaare alles machen. Ich wollte ihr nichts beibringen, außerdem war es mir ja wichtig, dass sie auch Lust hat, mich zu küssen, ohne dass ich sie darum bitte.

Als wir wenig später im Bett lagen, war alles wieder okay. Jessy kuschelte sich eng an mich, ihr Kopf ruhte an meiner Schulter, wir küssten und streichelten uns.

Auch wenn ich Jessys Zuneigung sehr genoss, war dieser Abend rückblickend der Anfang vom Ende. Meine Liebste wurde immer unzuverlässiger. Ich bin nicht nachtragend, doch es gibt Dinge, die ich nie vergesse, zum Beispiel eine Sache, die schon am Anfang unserer Beziehung passiert war. Wir wollten eine Titanic-Ausstellung besuchen und verabredeten, dass wir uns an der S-Bahnstation Ostkreuz treffen, um zusammen weiterzufahren. Die Ausstellung war auf dem Messegelände. Mit Fotoapparat und meinem Regenschirm, ohne den ich nie das Haus verlasse, stand ich erwartungsvoll auf dem Bahnsteig. *Titanic* mit Leonardo DiCaprio als Jack Dawson und Kate Winslet als Rose DeWitt Bukater war einer unserer gemeinsamen Lieblingsfilme. Den Soundtrack habe ich immer noch auf CD. Die erste S-Bahn hielt, brachte mir aber nicht meine Jessy. Vielleicht ist sie spät dran, bestimmt kommt sie mit der nächsten, dachte ich. Wenig später fuhr S-Bahn Nummer zwei ein.

Wieder ohne Jessy. Nach der dritten S-Bahn, die, ohne meine Liebste auszuspucken, weiterfuhr, beschlich mich ein komisches Gefühl. Warum dauerte es nur so lange, bis Jessy kam? War ihr etwas passiert? Nach der fünften S-Bahn ohne Jessy wollte ich nicht mehr warten und fuhr enttäuscht und ratlos allein weiter.

Am Abend rief ich sie an und erfuhr, dass ihre Oma zu Besuch gekommen sei. Hatte sie das nicht vorher gewusst? Hätte sie nicht absagen oder ein anderes Wochenende vorschlagen können? Auf all die Fragen bekam ich keine richtige Antwort, nahm Jessys Entschuldigung aber an. Bei ihrem nächsten Besuch in Pankow zeigte ich ihr die Aufnahmen, die ich von den Exponaten gemacht hatte. Fotografieren war dort eigentlich verboten, doch es gab kaum jemanden, der nicht knipste. Als Jessys Augen beim Anblick des Nachbaus der großen Freitreppe der Titanic und des Autos von Rose' Verlobten Caledon Hockley leuchteten, war ich froh, mich über das Verbot hinweggesetzt zu haben. So konnte Jessy das Versäumte ein bisschen nachholen. Sie merkte, wie viel ihr entgangen war, und versprach, das nächste Mal unsere Vereinbarung einzuhalten. Das klappte auch lange Zeit wirklich gut. Aber dann begann es wieder: Immer öfter vergaß sie unsere Verabredungen.

»Hallo, Jessy, hier ist Sebastian«, meldete ich mich eines Samstagnachmittags bei ihr.

»Hallo, Basti, was gibt es?«, begrüßte sie mich.

»Ich wollte fragen, ob es bei unserer Verabredung bleibt.« Das Schweigen am anderen Ende der Leitung verhieß nichts Gutes. »Wir wollten doch heute das Sowjetische Ehrenmal im Treptower Park anschauen.«

»Ich weiß nicht ...«, murmelte Jessy.

»Wie, was weißt du nicht? Ich möchte gern sicher sein, dass du diesmal kommst.« Jessy hatte mich vor drei Wochen das erste Mal seit langem versetzt – sie hätte mit dem Hund rausgemusst –, und ich wollte mich nicht wieder vergeblich auf den Weg machen.

»Es ist so heiß ...« Da hatte Jessy recht. Der Sommer 2003 wird ja noch heute als Jahrhundertsommer bezeichnet.

»Was ist denn nun? Sehen wir uns oder nicht?«

»Diese Hitze, ich bleibe besser zu Hause. Tut mir leid, vielleicht ein andermal.«

Traurig und enttäuscht legte ich auf, schlüpfte aus meinen Schuhen, stellte meinen Regenschirm in die Ecke und ging hoch in mein Zimmer. Dort kamen mir dann zum ersten Mal die Tränen.

Meine Eltern bekamen nicht mit, dass Jessy mich wieder versetzt hatte. Sie waren übers Wochenende bei Familie Kampe – unseren Freunden in der Altmark. Mutti merkte jedoch im Laufe der Woche, dass ich traurig war. Als wir dann Sonnabend am Frühstückstisch saßen, wollte sie wissen, was los sei, ich sähe so unglücklich aus.

»Jessy hat keine Lust mehr, etwas mit mir zu unternehmen«, sagte ich.

»Hat sie dich schon wieder versetzt?«, erkundigte sich Vati, der hinter seiner Zeitung zugehört hatte.

»Ja.«

»Das finde ich nicht in Ordnung, und es tut mir leid.« Mutti sah mich mitfühlend an.

»Nein, das gehört sich nicht.« Vati hatte die Zeitung inzwischen beiseitegelegt.

»Ich frage mich, ob ich etwas falsch mache.«

»Das glaube ich nicht«, versuchte Mutti mir meine Zweifel zu nehmen. Gedankenverloren rührte ich in meiner Tasse. »Hast du Jessy mal gefragt?«

»Ja. Sie sagt, ich hätte nichts falsch gemacht.« Eine Weile saßen wir einfach nur da. »Habt ihr einen Rat für mich, was ich vielleicht besser machen könnte?«

Mutti überlegte. »Schwierig. Auf keinen Fall solltest du Jessy zu etwas zwingen, das sie nicht möchte. Zeig ihr, wie wichtig sie und eure Beziehung dir sind.«

»Frauen haben es gern, wenn man ihnen etwas Nettes sagt«, ergänzte Vati und lächelte Mutti an. Danach schöpfte ich Mut und neue Hoffnung, nicht nur, weil ich ihnen am meisten vertraue, sondern vor allem, weil sie bis heute glücklich miteinander sind, abgesehen von kleinen Streitigkeiten oder Meinungsverschiedenheiten, wie sie im Leben nun mal vorkommen. Sie sind sozusagen Experten auf dem Gebiet. Anders sieht das bei Uschi und Opa Gerhard aus, die sich noch während Muttis Studium in den Siebzigerjahren scheiden ließen. Aus Erzählungen wusste ich, wie schmerzhaft es für alle damals war. Nicht auszudenken, wenn meine Eltern nicht mehr zusammen wären.

In den nächsten Wochen und Monaten gab ich mein

Bestes. Ich wollte, dass Jessy sich wohlfühlt. Ich sah darüber hinweg, wenn Jessy nur Zeit für einen Ausflug hatte und nicht wie früher anschließend noch mit mir essen ging. Sie sagte dann, dass sie müde sei oder zu Hause beim Putzen helfen müsste. Verspätete sie sich, drückte ich ein Auge zu. Vor allem versuchte ich nicht noch einmal, Jessy bei Mondschein im Garten zu küssen, und übte mich insgesamt in Geduld. Mutti hatte mir einmal gesagt, wie überrascht sie, Vati, Uschi und alle, die Jessy und mich kannten, über unsere lange Beziehung waren. Sie hätten von Lehrern gehört, dass die meisten Paare sich kurz nach der gemeinsamen Ausbildungszeit trennten. Das baute mich zusätzlich auf und gab mir Kraft, weiter nach vorne zu schauen. Spätestens Silvester 2003 – das zweite, das meine Liebste mit meiner Familie und unseren Freunden feierte – hatte ich das Gefühl, dass zwischen Jessy und mir alles wieder beim Alten war. Wir hatten beide viel zu tun, aber wir sahen uns regelmäßig und verbrachten schöne Stunden miteinander.

Mitte März hatte ich dann Geburtstag, ich wurde 26. Ich hatte mir gewünscht, meinen Geburtstag zu viert in den Thermen von Bad Saarow zu verbringen. Diesmal gab es ein »italienisches« Frühstück, weil wir zeitig loswollten. Wir tranken also nur in der Küche im Stehen einen Kaffee und aßen ein Stück vom obligatorischen Geburtstagskäsekuchen. Er ist Vatis Spezialität und außer ihm weiß keiner, was alles reinkommt.

Jessy erschien pünktlich und gratulierte mir herzlich. Sie hatte eine kleine Reisetasche und ihren pinkfarbenen Rucksack dabei, den sie mit auf die Rückbank des Autos nahm. Sie öffnete den Reißverschluss des großen Fachs, gleich nachdem wir uns angeschnallt hatten und losgefahren waren. Jessy griff vorsichtig in den Rucksack und zog ein rechteckiges, flaches Geschenk heraus. Eingeschlagen in rotes Papier mit lila Herzchen und einer weißen Schleife. Mit einem Strahlen reichte sie es mir.

»Für dich. Noch mal alles Gute zum Geburtstag, liebster Basti.«

»Danke, Jessy.« Vorsichtig löste ich das Geschenkband und die Tesastreifen. »Ein Kochbuch! *Die frische Gemüseküche.* Danke, Jessy, das kann ich gut gebrauchen.« Schließlich wollte ich ja kochen lernen. Das passte also.

»Wirklich eine gute Idee. Erst neulich haben wir nach neuen Rezepten gesucht und wussten nicht so recht, was wir kochen sollten«, warf Mutti ein.

Noch während ich auspackte, hatte Jessy schon das nächste Geschenk in der Hand. Ein weiches, unregelmäßiges Päckchen, vermutlich was zum Anziehen. Und tatsächlich, ein schwarzer Schal, den Jessy selbst gestrickt hatte, kam zum Vorschein.

»Danke, Liebste. Nun kann ich wechseln.« Zwei Jahre zuvor hatte ich von ihr zu Weihnachten einen blauen, ebenfalls selbstgestrickten Schal bekommen.

»Wieder so toll verarbeitet, wie du das nur hinbekommst«, lobte Mutti, die selber im Stricken völlig unbegabt ist. »Und wieder die Wolle, die nicht kratzt. Genau das Richtige für Sebastian.« Jessy lächelte und griff erneut in ihren Rucksack.

»Was, noch ein Geschenk?«, fragte ich etwas irritiert. Zum Vorschein kam ein Päckchen, das nur ein bisschen kleiner war als das erste Geschenk. Ein aktuelles Foto von Jessy im Rahmen. Ich wollte mich gerade bedanken, da streckte sie mir schon das nächste Geschenk entgegen.

»Jessy, das waren jetzt schon drei Sachen. Wir haben uns doch noch nie so viel geschenkt ...«, mehr fiel mir in dem Moment nicht ein.

»Du hast doch Geburtstag. Dann muss man sich was schenken«, erwiderte sie und reichte mir Päckchen Nummer vier. Eine Videokassette, *Jurassic Park III*. Ich begann, mich unwohl zu fühlen.

»Das ist alles sehr lieb von dir, Jessy. Und Sebastian kann das alles gebrauchen«, meldete sich Mutti wieder zu Wort, die wohl geahnt hatte, dass die Geschenkeflut noch nicht vorbei war. »Aber langsam reicht es, findest du nicht?« Jessy hielt kurz inne und reichte mir dann das Geschenk Nummer fünf.

»Ich bin nicht käuflich!«, platzte es auf einmal aus mir heraus. Jessy sagte nichts, in der Hand das Päckchen. »Verstehst du nicht? Das ist viel zu viel!« Keine Reaktion. Ich wusste mir nicht anders zu helfen, als weiter auszupacken. Süßigkeiten.

Den Rest der gut einstündigen Fahrt schaute ich aus dem Fenster. Mutti und Vati unterhielten sich vorne. Was Jessy gemacht hat, weiß ich nicht. Neben mir lagen die Geschenke, und wenn ich mich bewegte, raschelte der Berg Geschenkpapier zu meinen Füßen. Ich hatte das Gefühl, dass Jessy mit den ganzen Präsenten etwas gutmachen wollte. Wusste sie nicht, dass es mir um sie, um uns und unsere Liebe zueinander ging? Was sollte ich mit den vielen Geschenken?! Ich hatte keine Ahnung, wie ich den Tag überstehen sollte.

Aber wie so oft, wenn man keine Lust auf etwas hat, kam es ganz anders. Während meine Eltern ihre Saunagänge absolvierten, hielten Jessy und ich uns meist in einem der vier Solebecken auf. Am Rand gab es Mulden, ähnlich wie Liegen, aus deren Öffnungen Wasser strömte, das den Rücken oder die Oberschenkel massierte. Manchmal kuschelten wir dort. Meistens trug ich Jessy aber auf Händen durchs warme Solewasser. Eine Hand hatte ich zwischen ihren Schulterblättern platziert, die andere unter ihren Kniekehlen. Ab und zu zog Jessy mich an sich, um mir einen Kuss zu geben. Mit ihrem nassen Haar und in ihrem pinkfarbenen Badeanzug sah sie wunderschön aus. Die Leichtigkeit, die das Wasser dem Körper verleiht, übertrug sich auf meine Stimmung. Auch wenn ich im Auto das Gefühl gehabt hatte, es wäre zum endgültigen Bruch gekommen, sah ich uns und die Welt wieder ganz anders. Alles schien wunderbar.

Doch sobald wir die Therme verlassen hatten und in die kühle Märzluft getreten waren, war ich ernüchtert. Im Auto wandte ich mich von Jessy ab.

»Was ist los?«, fragte sie.

»Du hast den Bogen überspannt.« Jessy versuchte, meine Hand zu nehmen, was ich nicht zuließ.

»Was heißt das?«, flüsterte sie.

»Ich will nicht mehr, es geht nicht mehr.« Danach sagte niemand von uns auch nur ein Wort.

Als wir vor Jessys Haus standen, stiegen meine Eltern aus, um sich von ihr zu verabschieden. Ich winkte ihr zum Abschied durch die geschlossene Scheibe hinterher.

Erst zu Hause mischte sich meine Wut darüber, dass Jessy ausgerechnet an meinem Geburtstag so einen Mist machen musste, mit Trauer, und mir kamen die Tränen. Mir wurde bewusst, dass ich sie verloren hatte. Wahrscheinlich schon viel früher. Bevor ich ins Bett ging, zerriss ich einen Großteil der Fotos von Jessy und warf fast alle Geschenke weg, die ich von ihr bekommen hatte. Das Einzige, was ich aufhob, waren die beiden Schals, das Kochbuch und einen schwarzen Hahn aus Portugal, den sie aus einem Urlaub mit ihren Eltern mitgebracht hatte.

Am nächsten Morgen ließ ich mich in die Arme meiner Eltern fallen, die mich trösteten. Ich war wahnsinnig traurig, enttäuscht und verletzt. Sie sagten das, was wahrscheinlich alle Eltern in dem Moment sagen – ich fände bestimmt eine neue Freundin, das Leben gehe weiter, auch wenn die erste große Liebe zerbrochen sei, sie seien immer für mich da, und am nächsten Wochenende würden wir nach Prieros fahren, damit ich auf andere Gedanken käme. Die Aussicht darauf half tatsächlich, aber leider nur kurz.

Die ersten Wochen fehlte mir Jessy sehr. Und die erste der vielen Postkarten, die sie mir noch lange aus dem Urlaub schrieb – wahrscheinlich aus einem schlechten Gewissen heraus –, versetzte mir einen Stich. Ich musste immer wieder darüber nachdenken, warum alles so passiert war. Vielleicht war Jessy nicht ehrlich – sich selbst und mir gegenüber. Sie hätte sagen sollen, dass sich etwas verändert hat, statt tausend Geschenke zu kaufen. Aber vielleicht wusste sie damals selbst nicht so genau, wie es mit uns weitergehen sollte. Irgendwann ließ der Schmerz nach. Heute schaue ich nur manchmal noch die alten Fotoalben an und denke an sie.

YEAH!
ODER
DOCH NICHT?

Weihnachten 2000, als Jessy und ich etwa ein gutes Jahr zusammen waren, veränderte sich mein Leben plötzlich vollkommen.

Das Fest der Liebe war in meiner Kindheit neben Kindergeburtstagen einer der Anlässe, zu denen ich zu Hause selbst Theater spielte, Puppentheater. Während ich heute an den Feiertagen gerne am Klavier sitze und mit meinen Eltern, Uschi und Gerd, singe, holte Vati damals das große, selbstgebaute Puppentheater raus, und wir spielten ausgedachte Geschichten. Als Kleinkind war ich begeistertes Publikum, doch mit vier wollte ich genau wissen, was da hinter der Bühne passiert. Und ich entdeckte, wie meine Eltern die Handpuppen bewegten und ihnen eine Stimme gaben. Das war spannend. Ich wollte das auch können. Ich stieg auf einen Stuhl, streifte mir eine der Puppen über und machte mit. Wahrscheinlich liegt mir die Schauspielerei im Blut, denn Mutti hat während ihres Studiums mit Kommilitonen Kabarett gemacht und Vati besserte als Student sein Geld mit Auftritten auf, mal mit seiner Gitarre als Sänger und auch als

Schauspieler. Und ich mochte es schon immer, der Familie und unseren Gästen etwas vorzuspielen, vorzutanzen. Weil das so war, spielten meine Eltern und ich auch oft einfach so Märchen nach. Oder sie halfen mir mit Szenen aus Märchen auf die Sprünge, wenn etwas nicht so klappen wollte. König Drosselbart mit der hochnäsigen Prinzessin zum Beispiel. Die Prinzessin fragt bei jeder Gelegenheit, wenn sie etwas selbst machen soll: »Sind denn keine Diener da?« Wir mussten dann immer lachen, und alles funktionierte plötzlich wunderbar.

Ich war auch oft und gerne im Theater. Mit meinen Eltern und natürlich auch mit meinem Opa. Wir haben uns zum Beispiel *Der Wasserkristall* und *Der Regenbogen* von Reinhard Lakomy im Friedrichstadtpalast angesehen und *Alfons Zitterbacke* im Theater der Freundschaft.

Und irgendwie war Theater dann das am nächsten Liegende, als wir nach meinem Wechsel in die Diakonie-Werkstätten in Weißensee gemeinsam überlegten, was ich in meiner Freizeit machen könnte, um einen Ausgleich für die Werkstattarbeit zu finden und weiter viel Neues und Interessantes zu lernen.

Die Initialzündung war schließlich der Anruf eines ehemaligen Studienkollegen von Mutti. Sie und Bernd Findeis hatten sich lange nicht gesehen und im Gespräch stellte sich heraus, dass er im Rahmen einer AB-Maßnahme am Theater RambaZamba als Pressereferent arbeitete. Das war wie ein Wink des Schicksals, denn von dem Theater und seinen zwei Schauspielgruppen hatten meine Eltern schon gehört und überlegt, ob das etwas für mich sein könnte. Auf Muttis Bitte hin erkundigte sich Bernd nach einer Möglichkeit für mich, in eine der beiden Gruppen einzusteigen. Er meldete sich mit einer guten Nachricht: Zwar gäbe es im Ensemble von Gisela Höhne gerade keinen freien Platz, aber in dem anderen Team. Wenig später hatte ich dann mein Vorstellungsgespräch, nach dem ich einer Probe eingeladen wurde. Die Aussichten waren gut. Man wollte es mit mir als Schauspieler versuchen. Und das, obwohl ich ja noch keine Erfahrung hatte.

»Hallo zusammen. Hier ist ein Neuer, er heißt Sebastian und schaut sich heute an, was wir hier so machen«, mit diesen Worten wurde ich Anfang 2001 dem Ensemble vorgestellt. Zehn, vielleicht fünfzehn interessierte Augenpaare richteten sich auf mich. Es war bereits dunkel, da die Probe erst um 17 Uhr begann, weil viele Schauspieler des Theaters RambaZamba wie ich tagsüber in Werkstätten beschäftigt waren.

»Hi, ich bin Moritz«, begrüßte mich ein dunkelhaariger, kräftiger junger Mann in meinem Alter, der sich später als Sohn von Gisela Höhne, meiner jetzigen Chefin, entpuppte und heute einer meiner besten Freunde ist. Moritz nahm mich gleich in den Arm, und ich fühlte mich irgendwie aufgehoben und geborgen.

»Und ich bin Michael«, stellte sich mir ein weiterer Schauspieler vor. Er fiel mir gleich besonders auf, weil er ein blau kariertes Hemd trug, mit dessen Zipfel er immer wieder seine Brille putzte.

»Freut mich, hallo«, erwiderte ich.

»Ich heiße Nele, Nele Winkler. Meine Mutti ist auch Schauspielerin.« Ein dunkelhaariges, nicht sehr großes Mädchen kam auf mich zu. Es lispelte ein wenig.

»Tatsächlich?«

»Ja, in der *Dreigroschenoper* am BE.«

»Interessant, kenne ich.«

Ein paar der auf der Bühne Versammelten hoben entweder die Hand oder sagten einfach hallo. Manche guckten auch nur zu mir und schienen sich vorzubereiten. Gespannt sah ich mich um. Der eine oder andere blätterte im Textbuch, Schauspieler standen in Gruppen herum, verschwanden einzeln und kamen jeweils kostümiert zurück.

Der sieht aber albern aus. Was für ein lächerlicher Aufzug, dachte ich bei vielen. Moritz hatte einen grünen, mit Ketten und einer Feder verzierten Hut auf. Dazu trug er einen von Riemen zusammengehaltenen armeegrünen Panzer. Seine Füße steckten in schwarzen Fellstiefeln. Besonders lustig und kurios sah Alice aus, eine farbige Schauspielerin aus Brasilien. Um den Kopf hatte sie ein braunes Kopftuch gebunden, vorne baumelten über einem blauen Kleid mit weißen Tupfen große Brüste aus Kunststoff. Sie lief ganz krumm – als ob die Brüste sie nach unten ziehen würden. Doch was ich dann zu sehen bekam, übertraf all meine Erwartungen: Zuerst saßen alle auf schwarzen Stühlen, über die eine Art Spinnennetz geworfen wurde. Dann zeigten alle Bilder von Indianern hoch und einer nach dem anderen purzelte vom Stuhl. Es brach ein wildes Durcheinander aus. Wie soll sich das nur wieder auflösen, dachte ich. Aber alle verschwanden plötzlich durch die Türen, und auf der Bühne blieben nur Alice und Moritz.

Auf einmal merkte ich: Hups, die können ja was. Wahnsinn! Das möchte ich auch können.

Anderthalb Stunden später war Pause. Ich folgte den Schauspielern in einen großen Raum im Erdgeschoss. Dort ist heute das Malatelier, in dem Gisela mich auf die Synchronisierung der Rolle des Daniel in *Me too* vorbereitet hat.

Zwar hatte ich an jenem ersten Tag im Theater noch nicht mit auf der Bühne gestanden, aber es war doch sehr aufregend, den Schauspielern zuzusehen. Darum hatte auch ich Durst und trank wie die anderen ein großes Glas Wasser. Ich naschte Obst, Kekse und Schokolade, die zur Stärkung bereitstanden. Plötzlich kam Nele auf mich zu. »Du kennst ja noch gar nicht alle, die bei uns im Theater sind«, sagte sie. »Ich will dir noch eine Schauspielerin vorstellen. Da vorne, das ist Juliana Götze. Die kann ganz toll tanzen.« Nele deutete auf eine mittelblonde junge Frau, ungefähr so groß wie ich. »Sie ist erst ein Jahr bei uns.«

Dann wurde unser Pausengespräch unterbrochen, und ich erfuhr, was es mit dem Stück *Macunaíma*, das die Gruppe gerade probte, auf sich hat. Es basiert auf dem gleichnamigen Roman des Brasilianers Mário de Andrade.

Moritz spielte die Hauptrolle, Macunaíma, einen Indio, der mit seinem Stamm im Dschungel Brasiliens lebt. Er ist faul, isst viel und nimmt sich jede Frau, die ihm über den Weg läuft. Damit ist es vorbei, als ihm sein Amulett abhandenkommt und er sich auf der Suche danach in den Hexenkessel der Hauptstadt São Paulo begeben muss. Macunaíma landet in Bordellen, bekommt es mit der Polizei zu tun. Damit nicht genug, er trifft auf Guerilleras, Hexen sowie Industriemagnaten, die Menschen fressen. Einen seiner Brüder hatte Macunaíma schon an die Polizei verloren, der andere kam im Sumpf um, aus dem er selbst sich nur mit einem Fuß retten konnte – er stieg über eine Leiter in den Weltraum und wurde zum Großen Bären. Damit endet das Stück.

Gebannt verfolgte ich den zweiten Teil der Probe. Nachdem ich wusste, worum es geht, konnte ich die Darbietung auch besser nachvollziehen. Die Textstellen, die von einzelnen Schauspielern vorgesprochen wurden, ergaben auf einmal Sinn. Manche mussten das, was sie sagten, mehrmals wiederholen, weil der Regisseur noch nicht zufrieden war. Ganz langsam gewann ich eine erste Vorstellung davon, wie am Theater gearbeitet wird.

Bevor ich mich gegen 22 Uhr auf den Heimweg machte, bedankte ich mich, dass ich zugucken durfte. Alle wollten von mir wissen, ob es mir gefallen hätte. Ich nickte und sagte: »Sehr sogar.« Dann verabredeten wir noch, dass ich in Zukunft regelmäßig bei Proben dabei bin und zuschaue, damit ich ein Gefühl für das Theaterspielen bekomme.

Während der Fahrt nach Hause mit der Straßenbahn starrte ich aus dem Fenster ins Dunkel der Nacht. Vor meinem inneren Auge stiegen die Gesichter derer auf, die ich kennengelernt hatte. Ich hörte die Stimmen einzelner Schauspieler, die ihren Text immer wieder sprachen, bis Ton und Tempo stimmten. Dann die Musik, die Kostüme …

Die Eindrücke waren so zahlreich, dass das Kopfkino noch in vollem Gange war, als ich zu Hause eintraf. Im Wohnzimmer brannte Licht, und ich wusste, dass meine Eltern mich neugierig erwarteten. Und auch ich wollte das Erlebte mit ihnen teilen. Noch völlig überwältigt, erzählte ich ihnen, wie schön es gewesen war und wie nett mich Moritz, Nele und all die anderen aufgenommen hatten. Es tat gut, darüber zu reden. Denn der Tag war lang und auch anstrengend gewesen. So froh ich in dem Moment war, es musste alles erst mal verarbeitet werden. Vor allem musste ich runterkommen, um einschlafen zu können, denn am nächsten Tag sollte ich ja wieder pünktlich um acht Uhr in der Werkstatt stehen und das Frühstück für alle Mitarbeiter vorbereiten.

Nachdem ich in den nächsten Wochen regelmäßig Gast im Theater RambaZamba gewesen war und mich mit den Abläufen vertraut gemacht hatte, klingelte Anfang März unser Telefon. Ich weiß noch, dass wir mit den Vorbereitungen für Vatis Geburtstag beschäftigt waren. Die Nachricht war wahnsinnig aufregend: Ich durfte bei der nächsten Probe nicht nur zugucken, sondern ich sollte mitspielen. Bernd Findeis war am Telefon und sagte, für mich sei eine Rolle freigeworden und jetzt solle herausgefunden werden, ob ich tatsächlich für die Schauspielerei geeignet sei.

Im Theater stellte sich dann heraus, dass es keine Rolle im klassischen Sinn war. Ich war Volk, einer der Indianer, die anfangs auf den schwarzen Stühlen saßen, später in der Stadt den hektischen Großstadtbetrieb nachspielten. Es gab keinen langen Text, den ich auswendig lernen musste. Sondern ich musste zunächst üben, wie ich mich der Rolle entsprechend bewege. Es war ein guter Einstieg, da es auf der Bühne viel zu berücksichtigen gibt. Ich musste ja auch erst mal ein Gefühl fürs Schauspielen, für die Aktionen auf der Bühne entwickeln. Nach der Probe erfuhr ich, dass ich nun fester Bestandteil der Gruppe war. Super, kein langes Hin und Her, ich war gleich angenommen. Yeah!

Am 20. Mai 2001, einem Sonntag, war es dann so weit. Mein erster Auftritt. Nicht auf der Bühne des Theaters RambaZamba, nein, wir hatten ein Gastspiel im Deutschen Theater! Als ich hörte, dass wir vor 600 Leuten auftreten sollten, wurde mir etwas schwindelig. So viele Zuschauer, wenn das man gutgeht. Zum Glück war mir damals die Bedeutung Max Reinhardts noch nicht so bewusst gewesen. Ich glaube, dann wäre ich anders, vielleicht nicht ganz so unbeschwert, an meine Theaterpremiere herangegangen.

Der österreichische Theater- und Filmregisseur und Intendant hatte in dem 1850 als Friedrich-Wilhelm-Städtisches Theater eröffneten Haus zunächst auf der Bühne gestanden und war dann ab 1905 für die Leitung des Theaters zuständig gewesen. Parallel eröffnete Reinhardt eine Schauspielschule. Ein Jahr darauf kaufte er das Deutsche Theater und veranlasste wenig später, dass der Ballsaal im Gebäude nebenan nach Umbaumaßnahmen für Kammerspiele genutzt werden konnte. Besonders hellhörig wurde ich, als ich erfuhr, auch Bert Brechts Berliner Ensemble habe unter der Intendanz von Helene Weigel im Deutschen Theater ab 1949 für fünf Jahre eine Heimat gefunden. Und natürlich als Nele erzählte, ihre Mutter habe auch schon im DT auf der Bühne gestanden. Wow, und jetzt sollte ich diese Bühne betreten.

Damit auch alles klappte, probten wir in der Woche vorher dort, und zwar auf der Haupt- und nicht der Probebühne. Neben den Schauspielern und der Regie waren alle dabei: Licht- und Tontechniker, Maske, Kostüm- und Bühnenbildner. Auch die Musiker – unter ihnen Kay Langstengel – mussten natürlich mitproben, denn die Musik war ein wichtiger Bestandteil des Stücks. Besonders imponierte mir schon damals Kay, ein schlanker, mittelgroßer unkomplizierter und sehr umtriebiger Typ Anfang dreißig mit schmalem Gesicht und zum Zopf gebundenem lockigen Haar. Er hat mir gleich viel erklärt. Zum Beispiel, zu welcher Musik ich mich wie bewegen soll. Und welche Funktion die Musik in dem Stück hat.

Von meiner Familie kamen zur Vorstellung außer meinen Eltern meine Großtante Gerdi und Marianne, die zweite Frau meines Opas. Jessy hatte leider keine Zeit, versprach aber, beim nächsten Mal dabei zu sein. Ich musste drei Stunden vor Aufführungsbeginn im Theater sein. Aufgeregt war ich schon, hatte aber keine Angst. Ich fühlte mich in der Gruppe sicher. Vor Beginn der Vorstellung legten wir Schauspieler uns auf der Bühne in einem Kreis hin, schlossen die Augen, fassten einander an den Händen, um uns auf den bevorstehenden Auftritt zu konzentrieren. In dem Kreis sollten wir uns gegenseitig Ruhe, Mut und Kraft spenden. Ähnlich, wie wir es auch heute noch machen. Uns wurde auch eingeschärft, von der Bühne aus nicht nach unseren Eltern zu suchen, sondern uns ganz auf das Spiel zu konzentrieren und so zu spielen, als ob niemand aus der Familie da wäre. Es klappte auch alles wie am Schnürchen.

Als Moritz am Ende des Stücks gerufen hatte: »Ich bin da, ich bin immer da«, dann die Leiter in den Himmel hochgestiegen und der Vorhang gefallen war, brandete Applaus auf. Hinter der Bühne war das Klatschen der sechshundert Leute zu hören, einige riefen sogar »Bravo«. Wahnsinn. Als Erstes traten wir alle gemeinsam vor und verbeugten uns. Ich stand zwischen Moritz und Kay, und wir hielten uns an den Händen. Während wir uns vor unserem offensichtlich begeisterten Publikum verneigten, kamen einige Zuschauer nach vorn, um uns

Blumen zu überreichen. Anschließend gingen wir wieder hinter die Bühne, um einzeln vorzutreten. Als ich an der Reihe war, wurde ich mit den Worten vorgestellt: »Das ist Sebastian Urbanski. Er hat heute zum ersten Mal öffentlich auf der Bühne gestanden.« Ein extralanger Applaus. Nur für mich. Ein unbeschreibliches Gefühl. Nachdem wir uns alle noch mal gemeinsam verbeugt hatten, versammelten wir uns in der Garderobe. Manchen Schauspielern sah man ihre Erschöpfung an. Kein Wunder, das Stück dauerte insgesamt drei Stunden. Doch wohin ich auch sah, erblickte ich gelöste, glückliche, strahlende Gesichter. Wir umarmten uns alle, klopften uns gegenseitig auf die Schultern, gratulierten uns zu dem Erfolg auf der großen Bühne.

»Klasse, Basti«, lobte mich Moritz. »Super gemacht!« Er drückte mich fest an sich. Mori war ganz verschwitzt, seine Schminke verschmiert, aber das störte mich nicht.

Nachdem wir uns alle voneinander verabschiedet hatten, trat ich abgeschminkt, froh und auch ein bisschen erleichtert vor das Theater, wo Mutti, Vati, Gerdi und Marianne mich erwarteten. Kaum einer von ihnen kam richtig zu Wort. Sie waren so begeistert, dass sie sich ständig gegenseitig unterbrachen. Ich weiß nicht, wie oft Mutti mich umarmte. Als sich alle etwas beruhigt hatten, machte Vati noch Fotos. Auf einem stehe ich stolz an der Büste von Max Reinhardt. Im Hintergrund das Theater und ein strahlend blauer Himmel.

Anschließend gingen wir ins Leopold's in der Friedrichstraße. Gerdi, die am selben Tag wie Uschi Geburtstag hat, war gerade fünfundsiebzig geworden. Das musste neben meiner Premiere als Schauspieler gefeiert werden. Ich hatte vorgeschlagen, Maischolle zu essen. Die hatte es kurz vorher bei einer Tante von Vati in Hamburg gegeben und war unglaublich lecker gewesen. Gerdi war dann der Biergarten eingefallen, wo es frische Scholle gab.

Satt und zufrieden ging ich am Abend ins Bett. Vorher hatte ich noch eine CD mit Naturmusik eingelegt, die ich ebenso wie klassische Musik sehr mag. Obwohl es ein ereignisreicher Tag gewesen war, war ich richtig entspannt. Ganz anders als nach meinem ersten Probenbesuch, wo ich irgendwie viel mehr zu verarbeiten hatte. Vielleicht war ich so ruhig, weil alles so gut geklappt hatte. Wahrscheinlicher ist es aber, dass das Theater sich wirklich als meine Welt erwiesen hatte. Ich war angekommen. Obwohl ich vorher eigentlich nicht das Gefühl gehabt hatte, dass mir irgendetwas fehlt. Sicher weiß ich nur, dass in dem Moment alles passte und stimmig war.

Über die Stücke, die wir spielten, habe ich von Anfang an mit meinen Eltern gesprochen. Schon bei *Macunaíma* druckte Mutti mir Informationen über die Hintergründe und den historischen Zusammenhang aus. Das Stück war sehr kompliziert, und ich wollte nachvollziehen, was mit einzelnen Szenen gemeint war. Ich fand das alles sehr interessant und verschlang auch die Berichte über andere Theaterstücke, die wir spielten. So erfuhr ich zum Beispiel, dass die Figuren und Ereignisse in Büchners *Woyzeck*, wo ich bei einer Neuaufnahme einstieg, auf realen Personen und Begebenheiten beruhen. Um mich auf die neue Rolle vorzubereiten, trainierte ich mit Vati. Wir »boxten«, damit ich lernte, schneller zu reagieren. Das ist neben Körperspannung besonders wichtig bei Rollen mit viel Bewegung, wie ich sie vor allem am Anfang, etwa in *Macunaíma* und *Woyzeck*, hatte. Sobald Text hinzukam, nutzte ich die Pausen während der Proben zum Lernen. Meistens übte ich aber zu Hause mit Mutti. Sie half mir, schwierige Wörter richtig und mit viel Nachdruck auszusprechen, ohne die Stimmbänder zu sehr zu belasten. Bis heute lesen wir manchmal mit verteilten Rollen, wenn ein neues Stück inszeniert wird. Darüber hinaus besorge ich mir Theaterhörbücher, um herauszufinden, wie andere Schauspieler ihre Rollen sprechen.

Für einige Stücke lernte ich nicht nur neuen Text, sondern ein Instrument: Geige. Unterrichtet wurde ich von Julia, unserer Musiklehrerin am Theater. Sie war schlank, hatte braune Haare, die ihr über die Schulter fielen. Wir suchten uns für den Unterricht immer ein ruhiges Eckchen. Ich musste mich sehr konzentrieren, denn es war nicht so einfach, den Bogen richtig zu halten und zugleich an der richtigen Stelle auf der Saite aufzusetzen, damit der gewünschte Ton entstand. Dazu gehörte natürlich auch, mit der linken Hand die Griffe zu üben. »Stell dir mal vor, wie die Feuerwehr klingt – Ta Tü, Ta Tü. So muss es klingen, wenn du die dritte und vierte Saite spielst«, erklärte mir Julia, als ich an einer Stelle nicht weiterkam. Das war im Frühjahr 2007, als wir mit den

Vorbereitungen für die *Hommage auf Tadeusz Kantor –
Tote Klasse* Teil II begannen. Ein Jahr zuvor hatte ich
aufgehört, in den Diakonie-Werkstätten Weißensee zu
arbeiten. Unser Theater bekam damals den Status einer
Kunst-Werkstatt. Ermöglicht wurde dies durch eine
Kooperation des Theaters RambaZamba mit Integral –
Werkstätten für Behinderte, die zunächst die Trägerschaft
übernahmen. Somit wurden aus vielen Mitgliedern der
Theatergruppen »richtige«, festangestellte Schauspieler.
Das bedeutete für alle Beteiligten nicht nur professionel-
les Arbeiten, sondern für uns Akteure auf der Bühne eine
große Entlastung. Vorher waren wir alle ja auf unterschiedliche Werkstätten verteilt gewesen, die Proben
konnten selten vor 16.30 Uhr beginnen. Hinzu kam, dass
die Stücke meist sehr lang waren. Manche gingen über
vier Stunden, Pause eingeschlossen. Wenn wir Vorstellung oder Generalprobe hatten, konnte ich selten vor
22.30 Uhr nach Hause fahren.

Trotz dieser zeitlichen Entlastung war die Stimmung in
der Gruppe nicht mehr so gut wie früher, und mir ging
es während der Proben auch nicht immer gut. Dass ich
gefordert werden musste, hatte ich von Anfang an gewusst. Ich war ja noch relativ neu in dem Geschäft, die
meisten hatten vor mir mit dem Schauspielen angefangen. Mir gefiel das konzentrierte Arbeiten und dass
meine Texte immer schwerer wurden. »Du kannst doch
mehr«, hörte ich immer wieder. »Lern das, wir schaffen
das«, wurde ich motiviert. Aber manchmal war es so,

dass wirklich keine Reserven mehr da waren und Blockaden entstanden, die sich kaum wieder lösen ließen. Und mit der Zeit veränderte sich auch die Auswahl der Stücke. Das fiel auch meinen Eltern auf: »Tiefe hatten ja auch die ersten Inszenierungen, in denen wir waren«, sagte Mutti, die in der Vergangenheit immer mal wieder über den ambivalenten Charakter verschiedener Stücke gesprochen hatte.

»Ja, und man muss auch die Zuschauer mal vor den Kopf stoßen, gerade wenn man eine Botschaft rüberbringen und nicht nur unterhalten möchte«, pflichtete Vati ihr bei. »Versteh mich nicht falsch, Sebastian, auch wenn das, was ihr macht, immer noch sehr phantasievoll ist, die alten Sachen fand ich irgendwie besser, ich konnte mehr damit anfangen.«

»Stimmt. In der letzten Zeit ist alles einen Zahn schärfer geworden«, sagte ich.

»Die Heiterkeit und die Leichtigkeit hat abgenommen. Rainer, weißt du noch, wie Sebastian in *SALTO! (K)Ein Schiff wird kommen* Tango getanzt hat? Und dann auch noch mal in der phantasievollen Revue *Multikulti-Tango*.«

»Das war klasse. Die Musik war einfach toll, temperamentvoll. Wie ihr euch dazu bewegt habt. Euch zuzusehen war großartig.« Ich erinnerte mich, wie begeistert Mutti, Vati und Uschi nach den Vorstellungen gewesen waren. Die Erinnerung daran stimmte mich nachdenklich. Es war ja wirklich so, dass die Stücke sehr viele Gedanken und Aussagen auf einmal transportieren sollten. Manchmal vielleicht zu viele. Im *SALTO* zum Beispiel hatten wir Szenen, in denen mehrere Figuren sich gegenseitig mit zusammengerollten Zeitungen schlagen mussten. Hintergrund dafür sollte die Geschichte von Romeo und Julia sein, in der die beiden nicht zusammenkommen dürfen, weil die Familien dagegen sind und sich untereinander bekriegen. Diese Szenen konnten aber die Zuschauer nicht so ohne Weiteres verstehen. Wer vorher nicht genau das Programmheft studiert hatte, dem fiel es bestimmt schwer, Geschichte und Hintergrund des Stücks nachzuvollziehen. Umgekehrt waren so viele tolle Ideen darin, wir hatten wahnsinnige Kostüme und Masken, und es machte mir unendlich viel Spaß zu tanzen. Und sogar zu singen – was nicht so ganz meine Stärke ist. Aber Jens Hasselmann, einer unserer Musiker, hatte extra für die Revue ein Lied über zwei Fässer geschrieben, das ich mit Sven im Duett aus voller Kehle schmetterte.

»Wie geht es dir denn sonst mit dem neuen Stück, mit *Tadeusz Kantor*?«, wollte Mutti wissen.

»Na ja, das Thema ist schon etwas kompliziert, es ist eine echte Herausforderung für uns. Aber ich finde es gut«, antwortete ich.

Die Arbeit, die wir in das Stück steckten, lohnte sich am Ende. Die Hommage war angelehnt an *Umarła klasa* (Die tote Klasse) des polnischen Theaterregisseurs, der auch als Maler, Bühnenbildner und Kunsttheoretiker berühmt wurde und ein bedeutsamer Vertreter des Absurden Theaters war. Kantor setzte damit seinen von den Deutschen während des Zweiten Weltkriegs in Konzentrationslagern ermordeten Schülern ein Denkmal. Wir von RambaZamba schlüpften in die Rollen der getöteten Schüler und teilweise der Täter, indem wir uns in Träumen an das erinnerten, was damals passierte.

Ich hatte mich mit meiner Familie zuvor schon öfter mit der furchtbaren Zeit beschäftigt, als Hitler und seine Leute ihre Diktatur in Deutschland errichtet hatten und später Polen, die Sowjetunion, Frankreich und den Rest Europas überfielen. Uschi, Gerdi und Opa hatten den Krieg ja noch selbst als Kinder und Jugendliche erleben müssen. Auch in der Schule hatte ich viel über den grausamen Krieg und die Ermordung der Juden und vieler anderer Menschen erfahren und dann mit meinen Eltern darüber gesprochen.

Die Resonanz auf »Kantor« war jedenfalls sehr gut, und wir erhielten sogar eine Einladung zum Internationalen Theater-Festival in Warschau für Oktober 2008.

Vorher hatte jedoch noch ein anderes Stück im Kino Babylon Premiere: *Ich freue mich – Groteske zum Krieg.* Darin ging es ebenfalls um die Gräuel der Nationalsozialisten. Mehr noch, es sollte eine Warnung sein, dass sich Krieg nicht wiederhole.

Während des Stücks wurden deutsche Schlager der vierziger Jahre eingespielt ebenso wie das Gebrüll irgendwelcher NS-Schergen und Offiziere. Gleich zu Beginn sangen wir Schauspieler der Reihe nach das Kindergeburtstagslied »Ich freue mich, dass ich geboren bin«. Einer von uns saß im Rollstuhl und musste sagen: »Ich wünschte, dass ich nie geboren wär.« Neben den Einspielern gab es auch Projektionen auf große Tafeln links und rechts von der Bühne. Zu sehen waren auf dem Schlachtfeld verstümmelte Soldaten und, wenn ich mich richtig erinnere, Menschen, die gefoltert und an denen im KZ Experimente durchgeführt worden waren. Der Lärm war unbeschreiblich.

Unabhängig von den Audio-Einspielern und Projektionen war *Ich freue mich* selbst eine Montage. Es bestand aus Fragmenten, einzelnen aneinandergereihten Spielszenen sowie Revueelementen. Man konnte es eher mit einer Collage als mit einem Theaterstück im klassischen Sinne vergleichen. Seine »Handlung« erschloss sich nur schwer. Ich spielte in dem Stück einen Deserteur, der erkannt hat, dass das Drangsalieren, Foltern und Töten von Menschen falsch ist. Der sich entschieden hat, der Kriegsmaschinerie zu entkommen und von seinen Vorgesetzten gezwungen wird, weiterzumachen. Oder er wäre vor der Truppe erschossen worden. Nachdem ich mit den anderen auf die Bühne gelaufen war, wurde mir eine echte Zwangsjacke angezogen. Ich musste mich auf den Boden setzen und wurde an die Platte eines Tischs, der senkrecht hinter mir stand, gefesselt. Dann wurden meine Augen verbunden, und ich musste mich »freibrüllen«. Unter anderem zählte ich in meinem Text die Essensrationen auf, die Soldaten damals bekamen.

Die Premiere im Juni 2008 verlief reibungslos. Anders als sonst kam aber keine Spielfreude auf. Das war schon bei den Proben so gewesen. Den meisten in unserer

Gruppe setzte das Stück zu. Während wir übten, verließen Einzelne die Bühne, weil sie es nicht mehr aushielten. In Gesprächen mit anderen aus der Gruppe erfuhr ich immer wieder von deren Unbehagen gegenüber dem Stück. Ich selber war bei den Proben für *Ich freue mich* verwirrt, bedrückt und versuchte mich, so gut es ging, in meine Rolle hineinzufühlen – in die Qual, die dem Soldaten das Töten und das menschliche Leid bereiten, und seine Hilflosigkeit, als man ihn mit dem Tod bedroht, weil er nicht mehr mitmachen will in diesem Krieg.

Ich hatte die Ängste des Soldaten, seine Hilflosigkeit so weit verinnerlicht, dass ich bei der nächsten Aufführung von *Ich freue mich – Groteske zum Krieg* am 30. September 2008 im Kino Babylon den Text durcheinanderbrachte.

Es war schrecklich. Ich kämpfte auf der Bühne, versuchte, mich zu erinnern. Das, was ich sagte, war vollkommen wirr. Nichts passte zusammen. Tausend Gedanken schossen durch meinen Kopf. Meine Verzweiflung wurde größer und größer. Das darf nicht sein! Sebastian, erinnere dich! An den Tisch gefesselt, wand ich mich mit verbundenen Augen wie unter Schmerzen. Der ohrenbetäubende Lärm ... Jemand soufflierte von links, jemand anders von rechts. Alles half nichts. Auf einmal war der Text ganz weg. Und ich verstummte. Ich hatte versagt.

Ich erinnere mich nicht, wer mir nach Ende der Vorstellung die Augenbinde abnahm, mich vom Tisch losband und mir aus der Zwangsjacke half. Haben wir uns überhaupt verbeugt? Noch bevor alle Schauspieler die

Bühne verlassen hatten und der Zuschauerraum vollends leer war, nahm Mutti mich in die Arme.

»Ist ja gut, ist ja gut«, redete sie beruhigend auf mich ein. In dem Moment kamen mir die Tränen. »Schsch, Sebastian. Alles nicht schlimm. Es passiert sogar den größten Profis, dass sie einen Blackout haben.«

WENN
DAS HERZ
STEHENBLEIBT

Ich weiß nicht, was ich in dem Moment ohne Mutti gemacht hätte. Wir standen noch eine ganze Weile so da. Allein auf der Bühne. Noch nie zuvor in meinem Leben fühlte ich mich so hilflos. Mutti musste mich regelrecht aus dem Kino führen. Der Rest unserer Gruppe war bereits gegangen. Auch die wenigen Requisiten waren abgebaut und verstaut für den Transport ins Theater Ramba-Zamba. Ich musste mich zum Glück nicht groß umziehen, und da meine Augen verbunden gewesen waren, entfiel das Abschminken. Mutti nahm meinen Rucksack und meinen Regenschirm. Wir gingen zum Auto, wo Vati auf uns wartete. Ihm, der in unserer Familie das beste, ja das einzige Pokerface hat, war seine Fassungslosigkeit deutlich anzusehen. Stumm nahm er mich in den Arm und drückte mich, mir kamen erneut die Tränen.

Das Stück hatte mich so geschafft, dass ich an die Fahrt nach Hause keine Erinnerung habe. Dort angekommen, ging ich gleich nach oben in mein Zimmer und legte mich so, wie ich war, ins Bett. Schlafen konnte ich aber trotz meiner Erschöpfung nicht. Stattdessen hörte ich die Schreie aus den Einspielungen und sah die Leichenberge, die seitlich projiziert worden waren. Es war grauenhaft. Die abgemagerten, teilweise völlig verrenkten Körper. Das Leid und die Leere, die einem aus tiefen, dunklen Augenhöhlen entgegenstarrten. Die zerstörten Gesichter.

Ich schleppte mich durch den Rest der Woche und war froh, als endlich Wochenende war. Ich hoffte, mich etwas zu erholen, denn die Nächte waren immer noch fürchterlich. Vor allem hoffte ich, dass es mir nach unserem gemeinsamen Frühstück bessergehe, weil meine Eltern den Rest der Woche sehr beschäftigt gewesen waren und wir über den Abend nicht mehr viel gesprochen hatten.

Er war dann auch das vorherrschende Thema. Mutti erzählte, sie habe schon an meiner gebeugten Haltung und meinem unsicheren Gang beim Reinkommen gesehen, dass es mir nicht gutging. So habe ich gar nicht frei spielen können. Damit erklärte sie auch mein Versagen, was ich mir anfangs vorwarf. Das setzte mir genauso zu wie die Rolle des Deserteurs, in den ich mich so hineingelebt hatte, dass ich dachte, selber mit verbundenen Augen erschossen zu werden. Mutti sagte, dass ich gar nicht anders habe reagieren können als mit Überforderung. Schließlich hätten wir mit dem Wissen im Hinterkopf auf der Bühne gestanden, im Ernstfall die ersten Opfer zu sein. Wie solle man das verarbeiten? Mein Vater war aufgebracht und fand, dass mit dieser Inszenierung die Grenze des Erträglichen überschritten worden sei. Zwar solle man das Publikum aufrütteln und warnen, damit sich so etwas wie Krieg und die Vernichtung der Juden nicht wiederhole, aber auch das Publikum, darunter viele Menschen mit Behinderung, sei vollkommen überfordert gewesen. Doch nicht nur sie hatten damals zum Teil die Vorstellung verlassen. Auch andere Zuschauer hielten es nicht mehr aus, uns Schauspieler mit Behinderung jene spielen zu sehen, die unter den Nazis getötet worden wären.

Ich stellte es mir vor allem für den Kollegen schlimm vor, der im Rollstuhl sitzt. Aufgrund seiner sichtbaren Behinderung würde man ihn vermutlich als Ersten aussortieren und er könnte sich am wenigsten wehren. Anders als manche geistig behinderten Schauspieler versteht er ja auch alles sehr gut, während mancher von uns nicht immer vollständig erfasst, was auf der Bühne vor sich geht. Ich frage mich noch heute, was er wohl empfand, als ihm einmal bei der Probe auf den Kopf zugesagt wurde, er würde auf der Todesliste ganz oben stehen.

Wie fühlt es sich eigentlich an zu sterben? Was passiert dabei mit dem Körper? Diese Fragen drängten sich mir immer mehr auf. Die Albträume ließen trotz der Gespräche mit meinen Eltern nicht nach. Und woran merkt man eigentlich, dass man stirbt? Lässt es sich irgendwie überprüfen? Kann man etwas dagegen tun?

Ebenso wie mit Handys stehe ich mit dem Internet auf Kriegsfuß – es sei denn, jemand hilft mir. Darum greife ich meist auf Bücher zurück, wenn ich mich informieren möchte. Als ich mir also übers Sterben Gedanken machte, fiel mir mein Wissensbuch ein, in dem alle menschlichen Organe und Körperfunktionen sowie Krankheiten genau beschrieben und mit vielen Abbildungen illustriert sind. Ich fing an zu lesen. Sogar nach Warschau, wo wir einen knappen Monat später beim Internationalen Theater-Festival mit *Hommage auf Tadeusz Kantor – Tote Klasse* gastierten, nahm ich das Buch mit.

Wir fuhren mit dem Bus dorthin. Alle und alles musste darin Platz finden. Das gesamte Theaterensemble, die ganze Crew, die Requisiten und Kostüme. Es dauerte wie bei jedem Gastspiel eine ganze Weile, bis die vielen Sachen verstaut waren und jeder endlich abfahrbereit auf seinem Platz saß. Während der langen Fahrt wurde gesungen, gelesen, erzählt – und am Ende schliefen fast alle. Die Strapaze lohnte sich. Das Publikum war genauso begeistert wie das in Berlin. Obwohl es spannende Tage waren und ich stolz war, in Polen als Schauspieler »Auslandserfahrung« zu sammeln, griff ich immer wieder zum Buch. Vieles ging ich mehrmals durch, schaute mir die entsprechenden Abbildungen genau an und versuchte, mir alles zu merken und in meinem Körper wiederzufinden.

Zurück in Berlin überprüfte ich regelmäßig, ob in mir alles richtig arbeitete. Vor allem abends im Bett hörte ich in mich hinein. Lauschte meinem Atem. Der Brustkorb hob und senkte sich zwar, waren die Atemgeräusche aber auch so, wie sie sein sollten? Kein Rasseln in den

Bronchien? Ich probierte unterschiedliche Atemtechniken und bemühte mich, die Luft gleichmäßig ein- und auszuatmen. Mein linkes Handgelenk und meinen Hals suchte ich regelmäßig nach meinem Puls ab. Oft konnte ich ihn nicht finden, dann wurde ich unruhig. Wenn ich aber meine Ohren zuhielt, hörte ich es rauschen. Das Blut floss also noch durch meine Adern. Manchmal hatte ich keinen Appetit, und der Bauch tat mir weh. War mit meinem Magen alles in Ordnung? Es war inzwischen Herbst geworden, und ich fror häufiger als sonst. Doch am meisten machte ich mir Sorgen um mein Herz. An einem Sonntag passierte es dann.

In Panik riss ich die Terrassentür zum Garten auf und rannte die Treppe hinunter.

»Ich sterbe!«

Vati, der vor der Thuja-Hecke Laub zusammenfegte, schaute mich entgeistert an. So schnell ich konnte, rannte ich auf Mutti zu, die in einem Stuhl saß und Walnüsse aus der äußeren grün-braunen Schale löste.

»Was ist los, Sebastian?«, fragte sie mit einer Mischung aus Entsetzen und Unverständnis. Meine Stimme versagte, denn ich bekam keine Luft.

»Was ist denn passiert? Du bist ja ganz bleich! Atme erst mal ganz ruhig durch«, sagte sie, nun zunehmend besorgt.

»Ich sterbe«, brachte ich keuchend hervor.

»Hast du dir etwas getan, bist du gestürzt?« Ich schüttelte den Kopf. Meine Beine zitterten.

»Komm her, beruhige dich.« Kalter Schweiß stand auf

meiner Stirn, und ich kniete mich vor Mutti hin und legte meinen Kopf auf ihren Schoß. Inzwischen war auch Vati gekommen.

»Sebastian, was ist denn los?«, wollte er wissen.

»Ich habe das Gefühl, dass das Blut nicht mehr richtig durchgepumpt wird«, sagte ich verzweifelt. Mutti, die meinen Kopf gestreichelt hatte, hielt inne.

»Wie kommst du denn auf diese Idee?«

»Na, es ist nicht so, wie es sein sollte. Ich will nicht sterben.«

»Komm, ich fühle erst mal deinen Puls und ob du Fieber hast.« Vati, der in unserer Familie so was wie der Obermediziner ist, sprach mit betont ruhiger Stimme. Ich stand auf und reichte ihm meine linke Hand, das Gelenk nach oben gedreht. »Alles in Ordnung. Der Puls ist okay, und die Temperatur ist offenbar auch nicht erhöht. Nichts deutet darauf hin, dass du stirbst.«

»Aber ich merke es doch.«

»Woran merkst du es denn?«, erkundigte sich Mutti.

»Mein Herz müsste anders schlagen.« Meine Eltern blickten sich fragend an. »Und ich habe manchmal das Gefühl, dass es einfach aufhört und stehenbleibt«, brachte ich mühsam hervor.

»Aber wie kommst du denn darauf, Sebastian?«, fragte Vati.

»Ich habe es gelesen«, antwortete ich ihm.

»Wo?«, hakte Mutti nach.

»Na in dem Wissensbuch über den menschlichen Körper, das ich von Opa bekommen habe.« Meine Eltern wechselten vielsagende Blicke. »Demnach bin ich dabei zu sterben.« In dem Moment kamen mir die Tränen.

»Sebastian, das Herz ist eine ganz stabile Angelegenheit«, sagte Vati. »Das hört nicht einfach so auf zu schlagen, wenn man gesund ist. Leg mal deine Hand drauf. Fühlst du, wie es wummert?«

»Es ist wie die Sonne und der blaue Himmel, sie verschwinden auch nicht einfach. Ebenso macht das Herz immer weiter, auch wenn man etwas Schlechtes erlebt hat«, pflichtete Mutti ihm bei. »Und schau doch mal unser Apfelbäumchen, wie standhaft das Stämmchen ist.« Das Bäumchen hatten wir einige Jahre zuvor gepflanzt und wie immer, wenn wir im Garten etwas einpflanzten, den Vers aufgesagt: »Wachse Bäumchen, wachse. Werde groß und stark und trage viele Früchte.«

Das half. Aber nur für den Moment. Denn die falsch verarbeiteten Informationen aus dem Buch hatten dazu geführt, dass mich immer wieder so etwas wie Todesangst überfiel. Sie war zwar nie mehr so extrem wie an jenem Sonntag, holte mich aber regelmäßig ein. Damit das aufhörte und ich wieder angstfreier und ruhiger wurde, machten meine Eltern das einzig Richtige: Sie vereinbarten einen Termin mit ihrem Arzt, dem sie sehr vertrauen und der sehr viel Erfahrung hat. Er bestätigte mir Gott sei Dank, dass alle Organe einwandfrei funktionierten und ich kerngesund war. Er untersuchte mit Ultraschall mein Herz und zeigte mir auf dem Monitor, wie es schlägt. Das war schon mal eine riesige Erleichterung. Als der Arzt auch noch alle Geräusche – die der

Herzklappen und der Adern – erklärte und ich hören konnte, wie laut und stark mein Herz arbeitet, wie das Blut fließt, war die Angst endlich besiegt. Mutti, die bei der Untersuchung dabei war, kann die Töne, besonders das laute Schlürfen und Rauschen des Bluts in meinen Adern, richtig gut nachmachen. Nach all den Untersuchungen hatte ich die Gewissheit, dass es mit mir doch noch nicht zu Ende ist.

Danach kam ich schnell wieder zu Kräften und gewann mein Selbstvertrauen zurück, was wichtig war, denn die Arbeit am Theater forderte mich weiter sehr.

Nachdem wir im Oktober 2008 in Warschau und 2009 in Poznań und Aarhus mit der *Hommage auf Tadeusz Kantor – Die tote Klasse* bei internationalen Theaterfestivals auf der Bühne gestanden hatten, ging es im Sommer 2009 ins polnische Lublin, in das Juliusz-Osterwa-Theater. Das ist ein schöner alter und sehr imposanter Bau. Wir waren sehr stolz, hier spielen zu dürfen.

Wie in der Vergangenheit, wenn wir zu einem Gastspiel außerhalb Berlins eingeladen waren und die Zeit es erlaubte, standen wir in Lublin nicht nur auf der Bühne, sondern erkundeten auch den Ort, an dem wir spielten. Doch diesmal war nicht einfach nur ein Stadtbummel geplant. Im Gegenteil, vorgesehen war ein Besuch im Konzentrationslager Majdanek.

Während der Fahrt war es stiller als sonst. Ich selber hatte kein gutes Gefühl und versuchte, mich mit der Betrachtung der am Busfenster vorbeihuschenden Stadt abzulenken. Es gelang mir nicht.

Die Umgebung war eben, Wiesen, ein paar Äcker. Im Hintergrund die Silhouette der Stadt Lublin. Als wir ausstiegen, lugte die Sonne immer mal wieder hinter den Wolken hervor, aber es war kühl. Ich band meinen blauen Schal von Jessy noch etwas enger. Langsam drehte ich mich um.

Ich erblickte einen langen, etwa zwei Meter hohen doppelten Zaun aus Stacheldraht, unterbrochen von hölzernen Wachtürmen im Abstand von ca. hundertfünfzig Metern zueinander. Dazwischen standen Strommasten. Hinter dem Zaun reihten sich viele einstöckige, langgestreckte Holzbaracken aneinander, teilweise wiederum von Stacheldrahtzäunen umgeben. Ein großer Schornstein überragte die Bauten.

Wir waren im Konzentrationslager angekommen, einem Lager, in dem auch viele behinderte Menschen umgebracht worden waren. Mit gesenkten Köpfen standen wir vor dem Eingangsgebäude und den Tafeln mit dem Übersichtsplan des Lagers. Wir liefen über die gepflasterten Wege zu den Baracken, bogen wenig später rechts ab, um in eine hineinzugehen.

»Schaut euch das an, in diesen Baracken hätte man euch untergebracht«, hörten wir. Im Halbdunkel erblickten wir dicht an dicht hölzerne Bettgestelle, drei Etagen übereinander, nur dünne Strohsäcke auf den Brettern. So etwas hatte ich in Büchern und in DVDs von Spiegel-TV schon gesehen. Aber hier, in den niedrigen, düsteren Baracken, wirkte alles noch viel schlimmer.

Wir wollten gehen, wurden aber zum Bleiben aufgefordert.

»Nein, ihr müsst es euch ansehen. Ihr wärt alle verbrannt worden.« An den Gesichtern der anderen erkannte ich, dass es auch ihnen nicht gutging, und unwillig schleppten wir uns durch das Lager. Vorbei an den Duschgebäuden, den Gaskammern und dem Krematorium. Eine von unseren Schauspielerinnen fing an zu weinen. Und in mir schnürte sich alles zusammen, als das Schluchzen lauter wurde. Ich blieb stehen. Nun kamen auch anderen die Tränen. Ich konnte nicht anders, als einen von ihnen in den Arm zu nehmen.

»Ich sorge dafür, dass wir nie wieder hierhinfahren«, sagte ich zum Trost. »Komm, wir schaffen das, ich bin dein Freund.« Ich umarmte eine Kollegin und sagte ihr, dass ich, wie schon einige Male zuvor, dagegen protestieren würde, uns solchen Qualen auszusetzen.

»Sei still«, beruhigte ich sie weiter. »Und sei froh, dass wir leben.«

Obwohl ich wusste, dass das alles der Vergangenheit angehörte und nur gezeigt wurde, damit sich diese nicht wiederholte, verstörte mich alles hier. Der gesammelte Schmuck, die unzähligen Brillen, die vielen Schuhe der Ermordeten und die Sträflingskleidung, die Blechnummern, die jeder Häftling im KZ tragen musste. Alles war in den Ausstellungsräumen zu sehen. Wie wahrscheinlich alle in meiner Gruppe stellte ich mir vor, wie es damals gewesen sein musste. Vor allem, dass man Menschen wie uns ebenfalls ins Gas geschickt und später verbrannt hätte. Die Chance, dass einer von uns überlebt hätte, war sicher gleich null gewesen.

Wir alle waren sehr bedrückt und wollten nur noch nach Hause. Eine letzte Nacht in Lublin lag noch vor uns, dann die endlos lange Rückfahrt nach Berlin.

Meine Eltern reagierten beunruhigt, als ich ihnen von unserem Besuch im Konzentrationslager und den Reaktionen meiner Gruppe erzählte. Sie setzten sich mit anderen Eltern in Verbindung, um zu erfahren, wie andere Schauspieler den KZ-Besuch aufgenommen und verkraftet hatten. Damals sprachen sie es nicht offen aus, doch in ihren Augen grenzte es an Misshandlung.

Ich selber frage mich bis heute, was der Besuch in Majdanek bezwecken sollte. Wir alle hatten verstanden, worum es in den Stücken, die wir spielten, ging und worauf sie beruhten. Zudem hatten wir mehrfach und ausführlich über die NS-Zeit gesprochen. Die vielen positiven Reaktionen unseres Publikums sprachen für unsere Leistung, die wir auf der Bühne vollbrachten. Wir wurden verstanden. Wozu also der KZ-Besuch? Das wollte ich auch in einem Gespräch im Theater klären. Aber dazu kam es nie.

Auch wenn viele in meiner Gruppe im Lager heftiger reagiert hatten als ich, plagten mich wieder Albträume. Ich hoffte, dass sie bald aufhören und wir wieder an Stücken arbeiten würden, die mich nicht so belasten und mehr Lebensfreude ausstrahlen.

ALLES
AUF
ANFANG

Schon im Januar 2009 hatte ich begonnen, mich intensiv mit Afrika zu beschäftigen. Das half mir, auf andere Gedanken zu kommen. Dabei fand ich heraus, dass es dort sehr viele verschiedene Kulturen gibt. Angefangen bei denen der Ureinwohner Afrikas bis hin zu dem, was später die Entdecker und Kolonialherren mitgebracht haben. Nun aber sollte ich bald selbst erleben, wie das Leben sich auf einem anderen Erdteil – buchstäblich fast am anderen Ende der Welt – anfühlt. Meine Eltern und ich hatten schon seit Jahresbeginn die größte Reise geplant, die wir je gemacht haben. Wir wollten nach Afrika! Und ich sollte auf dieser Reise Botschafter des Theaters RambaZamba sein, das sich in seinen Stücken ja oft mit den unterschiedlichsten Kulturen beschäftigt. Ich durfte also mitten in der Spielzeit Urlaub nehmen, musste aber versprechen, für das Theater ein Original-Instrument mitzubringen.

Am 28. September 2009 war es dann so weit. Meine Eltern und ich flogen für gut drei Wochen nach Südafrika, genauer gesagt nach Botswana, Sambia, Simbabwe und

Südafrika. Für Mutti und Vati war es bereits der dritte Besuch dieses Kontinents, von dem sie immer wieder begeistert waren: Sie liebten die Menschen und die Natur dort, und ich hatte schon einiges auf den sensationellen Fotos gesehen, die sie dort geschossen hatten. Die Faszination für die Wiege der Menschheit hatten meine Eltern mir weitergegeben. Sie versprachen mir also, gemeinsam mit mir noch einmal nach Afrika zu reisen und dort auch noch andere Länder zu erkunden. Hinzu kam, dass ich mich schon immer für Wildtiere interessiert habe. Aus den Afrika-Bildbänden in unserem Bücherregal und aus Dokumentationen kannte ich die einmalige Landschaft, die sich mit nichts vergleichen lässt, was ich bisher auf meinen Urlaubsreisen gesehen hatte. Und da wir oft über Politik sprechen, wusste ich auch viel über Nelson Mandela. Er ist für mich einer der Größten, er hat stets eine Chance für Versöhnung gesehen. Trotz seiner langen Haft war Mandela frei von Rachegefühlen gegenüber den Weißen, die ihn und die schwarze Bevölkerung seines Landes unterdrückt hatten. Er hat keine Grenzen zwischen Weiß und Schwarz gesehen. Ich finde ihn wahnsinnig beeindruckend.

Im Januar hatte auch ich angefangen, mein Englisch aus der Schulzeit aufzufrischen. Vati war bereits Schüler der Berlin School of English und hatte mich gefragt, ob ich nicht mitkommen wolle. Mich selber verständigen zu können war ganz in meinem Sinne. Also besuchte ich einmal die Woche einen Anfängerkurs. Das war schon etwas anderes als die Rollen im Theater, also deutsche Texte für die Bühne zu üben. Es ging ja darum zu lernen, wie man sich im Alltag verständigt. Mit völlig neuen Wörtern, ganz anderer Aussprache und ganz anders gebauten Sätzen. Und den Unterricht hielten die Lehrer von Anfang an auf Englisch, nur in Ausnahmefällen erklärten sie mal etwas auf Deutsch. Es war anstrengend, nach den Proben noch den Englischkurs zu besuchen, aber ich wollte meine Sprachkenntnisse ja unbedingt für unsere Reise verbessern.

Um es gleich vorwegzunehmen: Mutti, Vati und ich sind uns einig, dass diese Reise ein einmaliges Erlebnis war und sich nicht wiederholen lässt. Es war alles noch viel großartiger, als ich es mir vorgestellt hatte. Ein erstes Highlight war eine unserer Bootstouren auf dem Chobe River in Botswana. Wir wohnten dort in einer Lodge und unternahmen jeden Tag Safaris, auch mit einem Boot. Eines frühen Morgens bot sich uns ein unglaubliches Bild, dem ich den Namen »Konzert der Tiere« gab: Der Fluss, auf dem wir unterwegs waren, machte eine große Biegung, und ich hatte das Gefühl, genau dort war die ganze Tierwelt Afrikas verabredet. Wie die Musiker eines Orchesters, das den *Karneval der Tiere* spielt, hatten sich unterschiedliche große und kleine Tiere im Wasser und am Ufer versammelt. Flusspferde tauchten auf und rissen ihre riesigen Mäuler auf, als würden sie gähnen. In der ersten Reihe am Ufer standen Wasservögel, dazwischen lagen Krokodile, dahinter grasten Antilopen, dann kamen die Büffel und schließlich die Elefanten, die mich besonders faszinieren. Eine große

Herde mit ihren Babys, die sich gegenseitig mit Schlamm bewarfen. Es war Wahnsinn.

Unsere nächste Station war eine Lodge im Okavango-delta, zu der wir mit einem kleinen Flugzeug geflogen wurden, das mächtig holpernd auf einer Wiese landete. Von dort wurden wir mit einem Motorboot abgeholt, denn auch die Lodge lag auf einer Insel. Auf ihr gab es zehn Strohhütten, die auf Stelzen standen und nur über eine leiterähnliche Treppe zu erreichen waren. Rund-herum war Wasser und Wildnis pur. Keiner der Gäste durfte sich nach Einbruch der Dunkelheit ohne Beglei-tung über die Insel bewegen. Deswegen auch die Stel-zen, damit keine wilden Tiere reinkommen können. Jede Hütte war für insgesamt vier Personen eingerichtet, je-doch zweigeteilt mit separaten Eingängen. Meine Eltern hatten angeboten, dass sich einer von ihnen mit mir das Zimmer teilt. Ich lehnte ab, da ich ausprobieren wollte, wie es ist, allein in freier Wildbahn zu schlafen. Und sollte doch etwas passieren, stand auf dem Nachttisch ja eine rote Tröte. Im Ernstfall würde dann ein Mitarbeiter des Camps zur Hilfe kommen. Ich hatte null Angst und schlief schon in der ersten Nacht fast genauso tief und fest wie zu Hause. Dabei war die Geräuschkulisse fremd und unheimlich laut. Ich dachte, das ist ja eine richtige kleine Nachtmusik. Vögel riefen, irgendwo brüllte ein Tier, von dem ich nicht wusste, ist das nun ein Löwe oder ein Pavian. Und dann war da noch ein Geräusch wie von einer Waschmaschine, das immer näher kam. Aber ich fühlte mich trotzdem sicher und gut aufgehoben. Am nächsten Morgen sah ich, dass auf dem Weg vor unserer Hütte einige riesige grüne Fladen lagen, einer mit einem ebenso riesigen Fußabdruck darin. Die Flusspferde hatten unserer Insel über Nacht einen Besuch abgestattet. Das machen sie regelmäßig, weil es auf der Insel recht viel Gras und anderes Grünzeug gibt, hatte uns Buddy, unser Guide, erklärt. Denn Flusspferde sind Pflanzenfresser. Das glaubt man kaum, wenn man die großen Hauer in den aufgerissenen Mäulern sieht.

Da wir länger als die meisten Gäste in der Xugana Lodge blieben und Mahlzeiten gemeinsam mit dem Personal eingenommen wurden, erlebten wir nicht nur die Dinge, die zum Standardprogramm gehören, sondern erfuhren auch etwas über unsere Begleiter und ihr Leben. Buddy etwa zeigte uns sein Heimatdorf. Ich sah die kleinen schiefen Hütten, hinter denen auf trockenem Boden spärliche Pflanzen wuchsen, umgeben von dornigen Reisigzäunen gegen die Wildtiere. Hier also wohnte Buddys Familie. Wie komfortabel waren dagegen unsere Hütten in der Lodge und erst unsere Wohnung zu Hause! Von Buddy lernten wir auch sehr viel über die Natur. Auf mehreren Bushwalks wies er uns auf Tiere hin, bei denen wir dreimal hingucken mussten, bis wir sie entdeckt hatten. Einmal ermahnte er mich ziemlich hart. Zu Recht. Denn bei dem Versuch, ein perfektes Foto von einem Elefanten zu machen, habe ich wahrscheinlich mein Leben aufs Spiel gesetzt. Buddy hatte extra noch mal darauf hingewiesen, dass man Tiere nicht provozieren soll. Und wenn ein Tier zornig erregt ist oder man selber

Angst hat, solle man sich nicht hastig bewegen und schon gar nicht wegrennen, sondern sich, ohne sich von dem Tier abzuwenden, langsam rückwärts gehen. Als Buddy sah, dass der Elefantenbulle sich gestört fühlte und böse wurde, blies er zum geordneten Rückzug. Ich ignorierte seine Warnung und blieb stehen, was in dem Fall beinahe nach hinten losgegangen wäre. Der Bulle trompetete laut, stellte seine großen Ohren auf und kam auf uns zugerannt. Die Erde bebte regelrecht vom Stampfen seiner baumstammdicken Beine. Buddy hatte sich blitzschnell vor uns aufgebaut – er machte sich groß, hob sein Basecap in die Höhe und schob uns langsam nach hinten. Vati zog mich am Kragen an seine Seite und machte mit seiner freien Hand noch schnell das Foto, das ich eigentlich schießen wollte. Als der Elefant merkte, dass wir nicht näher auf ihn zukamen, blieb er stehen, trompetete aber zur Warnung nochmals laut. Glück gehabt. Danach war ich vorsichtiger und berücksichtigte das, was man mir sagte.

Mittags herrschte im Delta eine unglaubliche Hitze, die Mutti und Vati mit einem Nickerchen oder einem Buch vor der Nase überbrückten. Ich nutzte die Zeit, um mich im Souvenirshop nach Mitbringseln für Moritz, Uschi und Gerdi umzusehen. Manchmal unterhielt ich mich mit den Köchen und den Guides unseres Camps. Einmal kam ich mit einem älteren Engländer ins Gespräch, der immer noch sauer war, dass der letzte Treffer des WM-Endspiels Deutschland gegen England 1966, das als legendäres Tor von Wembley in die Geschichte einging, der deutschen Manschaft gegeben wurde und Deutschland somit Weltmeister wurde. Allein dafür hatte sich der Englischkurs gelohnt. An unserem letzten Abend im Delta forderte mich eine junge Angestellte der Lodge, die uns zumeist bei den Mahlzeiten bedient hatte, zum Tanz auf. Es machte mir viel Spaß, mich zu der traditionellen afrikanischen Musik von Marimba, Djemben und Flöten zu bewegen. Auf einem der Instrumente hatte ich selber schon gespielt: der Trommel, mit der morgens der neue Tag begrüßt und zum Essen gerufen wurde.

Mit derselben Herzlichkeit empfing man uns in Sambia. Von einem Helikopter aus bestaunten wir den Wahnsinnsanblick der Viktoriafälle. Die Wassermassen des Sambesi stürzen hier auf einer Breite von fast zwei Kilometern in eine über hundert Meter tiefe Schlucht. Die Scheiben des Hubschraubers beschlugen kurzzeitig durch den Sprühnebel, und der Pilot flog tief in die Schluchten hinein, damit wir die Wasserfälle besser sehen konnten. Das Wasser des Sambesi sorgt dafür, dass die Ufer so grün sind und viele Tiere hierherkommen, um zu trinken. Der krönende Abschluss des Tages war unser Sprung ins Teufelsloch, ein Bassin aus Felsen, das an der Kante zur Schlucht liegt. Begleitet wurden wir von einem Guide, der uns sagte, was wir beachten müssten. Zuvor waren wir mit einem Boot zur Livingston Island übergesetzt. Dort ging es ein kleines Stück zu Fuß weiter, bis der Guide uns bat, nun die Badesachen anzuziehen. Von hier aus würden wir durchs Wasser laufen und noch ein gutes Stück schwimmen müssen. Das taten wir dann auch und landeten schließlich an einem großen Felsbrocken. »Da müsst ihr raufklettern«, sagte der Guide und war in Windeseile oben angelangt. Lachend sah er zu, wie wir ihm vorsichtig folgten und, auf der Felsspitze angekommen, ungläubig auf ein Wasserbecken am Rand der Absturzkante der Viktoriafälle starrten. »Das ist das Teufelsloch. Ihr könnt da einfach reinspringen – es passiert nichts.« Natürlich glaubten wir ihm das nicht, aber er war als »Vorspringer« schon im Wasser gelandet. Vati traute sich als Erster, ihm hinterherzuspringen. Dann kam Mutti. Ich saß auf dem Felsen und wagte nicht, auch nur eine Bewegung zu machen. Der Guide versuchte, mich zu überzeugen, in seine Arme zu springen. Er würde mich sicher auffangen. Ich überlegte noch eine Weile, dachte aber dann, dass ich vielleicht nie wieder hierherkommen würde, und daran, dass ich unbedingt erzählen wollte, dass ich mich getraut habe, im Teufelsloch zu schwimmen. Also überwand ich meine Angst – und rutschte in das Wasser hinein. Über die Steine, die mir meinen Po und die Oberschenkel etwas aufschürften. Aber egal. Ich hatte es geschafft. Nun musste ich nur noch zur Kante der Wasserfälle schwimmen. Dort saßen schon Mutti und Vati mit dem Rücken zum Abgrund, hinter ihnen ein riesiger Regenbogen, der im Sprühnebel der Wasserfälle entstanden war. Wenige Zentimeter hinter ihnen stürzte der Sambesi 110 Meter in die Tiefe. Mit Hilfe des Guides kletterte ich zu ihnen. Ich hatte es geschafft, meine Angst zu überwinden, und reckte die Faust in die Höhe.

Der abschließende Höhepunkt unserer Reise war der Besuch der Kap-Region. Eine wunderschöne Gegend: Überall blühte es in den schillerndsten Farben, der Frühling hatte gerade erst begonnen. Es war die reinste Pracht, ein kräftiges Gelb wechselte sich ab mit leuchtendem Pink und erst der Duft … Dann das blaue Meer. Nach der teilweise sehr kargen Landschaft am Rande der Kalahariwüste, die wir zuvor auch noch besucht hatten, waren der Anblick des Wassers und die stetige frische Brise eine Wohltat. Wir fuhren die Küste mit dem Auto ab, was eine schöne Abwechslung war. Vorher waren wir vor allem geflogen – angefangen bei großen Maschinen bis hin zu kleinen viersitzigen Grashoppern. In Kapstadt fuhren wir mit der Seilbahn auf den Tafelberg. Von dort hat man einen wunderbaren Blick über die ganze Kap-Region und auch auf Robben Island, wo Nelson Mandela als politischer Gefangener in Haft war. An einem Aussichtspunkt sprach uns eine junge Engländerin an. Sie wollte wissen, wie ich diese große Reise bewältigte. Sie hatte auch einen Bruder mit Downsyndrom und war überrascht, was ich in Afrika schon alles mitgemacht und erlebt hatte.

Ich berichtete ihr von den vielen Tieren, die wir auf den Safaris gesehen hatten. Wenige Tage später hätte ich ihr noch mehr aufzählen können. Am Kap der Guten Hoffnung besuchten wir nämlich zuerst eine Pinguin-Kolonie und später fuhren wir zu einer Bucht, in der sich Wale mit ihren Jungen Speck anfraßen, um für die lange Reise zum Südpol gewappnet zu sein. Es war

Wahnsinn. So viele Wale auf einem Haufen. Und so nah, dass wir sie vom Ufer aus fast hätten anfassen können.

Afrika. Diese Fülle und die Dimensionen waren einfach atemberaubend. Auf einer der Safaris hatten wir einen 4500 Jahre alten gigantischen Baobab-Baum gesehen. Er bestand aus sechs riesigen Stämmen. Man hätte mindestens zu zwölft sein müssen, um einen von ihnen zu umfassen. Die Wurzeln des Baobabs hatten denselben Umfang wie ein normaler Baum bei uns zu Hause. Unvorstellbar! Die leicht rötliche, sandsteinartige Rinde erinnerte mich an Elefantenhaut. Und erst die afrikanischen Sonnenuntergänge. Ein riesiger Feuerball vor tiefrotem Hintergrund. Wir ließen uns keinen einzigen entgehen. Während die Sonne vom Himmel fiel – ganz richtig, sie verschwand nicht allmählich, sondern plötzlich hinterm Horizont –, genossen wir einen Sundowner. Ich entschied mich meist für eine Cola, während Mutti und Vati auch mal einen Gin Tonic tranken. Diese Abendstunden waren in der Xugana Lodge besonders schön, denn wir fuhren oft allein mit unserem Guide Buddy mit dem Motorboot los, um den Sonnenuntergang zu beobachten und den Vogelstimmen zu lauschen, von denen in der Dämmerung besonders viele zu hören waren. Vati brachte es auf den Punkt: In den drei Wochen waren wir eins mit der Natur gewesen, was unseren Blick verändert hat. Das, was uns vor Afrika so wichtig erschienen war, war auf einmal Pillepalle. Und ganz wichtig: Ich hatte zu mir gefunden, ruhte auf einmal wieder in mir selbst.

AM LIEBSTEN
BIN ICH HAMLET

Kurz nach meiner Rückkehr übernahm der musikalische Leiter Kay Langstengel von heute auf morgen die Leitung unserer Schauspielgruppe. Ich fand's toll, Kay hatte ich ja von Anfang an gemocht, und außerdem war er lange mein Klavierlehrer gewesen.

Bei Kay machte ich das erste Mal intensives Sprachtraining, das zum Handwerkszeug jedes Schauspielers gehört. Durch Kay weiß ich jetzt, dass ich zum Beispiel mit »Wawawawa wiwiwiwi« und verschiedenen Atemtechniken meine Stimme lockern kann. Er vermittelte mir auch eine genaue Vorstellung davon, was Stimmmodulation ist. Allein mit dem Wort »was« kann man so viele verschiedene Emotionen ausdrücken – je nachdem, wie man es ausspricht. In einer helleren Tonlage kann man Freude oder Überraschung rüberbringen. Kurz und knapp artikuliert steckt darin Entsetzen. Das trainierte Kay systematisch mit uns. Eine neue Welt tat sich auf. Auch, als Kay sein erstes eigenes Stück mit uns inszenierte, *Etwas über die Heiterkeit an trüben Tagen*, war alles ganz anders. Wir genossen es, offen miteinander umzugehen, spielten wie befreit, und ich fühlte mich richtig verstanden. Dabei war es kein einfaches Stück, es setzt sich mit der harten Realität in Jugendgangs auseinander.

Die Zusammenarbeit mit Kay Langstengel war nicht von langer Dauer. Im Frühjahr 2010 wechselte ich in die Gruppe von Gisela Höhne, meiner heutigen Chefin. Meine Eltern hatten erstmals nach meinem Zusammenbruch in *Ich freue mich – Groteske zum Krieg* überlegt, mich aus meiner alten Gruppe rauszunehmen. Aufhören war natürlich keine Option gewesen, da das Theater zu meinem Zuhause geworden und ich eben Schauspieler von Beruf war. Also hatten sie irgendwann ohne mein Wissen das Gespräch mit Gisela gesucht. Denn es war nicht klar, ob und wann bei ihr ein Platz freiwerden würde. So wollten sie einer möglichen Enttäuschung vorbeugen. Nicht mehr mit Kay zusammenzuarbeiten fand ich schade. Von Gisela hatte ich aber schon viel Gutes gehört, und ich kannte viele ihrer Stücke. Außerdem war ich wieder mit Jule, Moritz, Nele und all den anderen vereint, die schon viel früher in Giselas Gruppe gewechselt waren.

Gisela knüpfte an das an, was Kay begonnen hatte: Als Erstes gewöhnte sie mir das Schreien ab. Sie bezeichnete es als meine »Macke«. »So kann man nicht reden. Was ist das für eine monotone, festgelegte Sprachmelodie«, sagte sie immer wieder. »Eine Figur muss lebendig sein, Sebastian, keine Marionette!«

Das heißt, die Sprachmelodie sollte immer zum Inhalt,

zum Text passen. Sie musste emotional sein, an den richtigen Stellen musste man Pausen einbauen. Giselas Texte waren auch etwas ganz anderes, nicht mehr aggressiv, sondern richtig schön und poetisch. Sie ließen Raum für Phantasie. Wir konnten uns richtig gut einbringen.

Am Anfang probten wir nur. Ein Schauspieler fiel aus, und ich sollte mittelfristig die Rolle der Zeit in *Alice in den Fluchten* übernehmen. »Ein Stück über das Erwachsenwerden in unsicheren Zeiten«, wie es im Programmheft heißt. Vieles von dem, was ich sage, ist aus dem Buch *Kafka am Strand* des japanischen Autors Haruki Murakami. Darin ist unter anderem die Rede von einem Sandsturm. Ich war mitten im Spiel, als Gisela auf einmal fragte: »Wie fühlt es sich an, in einem Sandsturm zu stehen?« Was sollte diese Frage? Ich schaute sie irritiert an. »Was macht das mit der Haut?«, wollte sie als Nächstes wissen. Und: »Was heißt das, wenn Kristallkörner nach oben gehen?« Ich zuckte mit den Achseln. Worum ging es Gisela? Auf einmal kam mir Afrika in den Sinn, und ich beschrieb, wie es war, als wir in der unendlichen Salzwüste standen und weit und breit nichts zu sehen war, nur unser Jeep und wir. Es war so warm, dass die Luft zu heiß zum Atmen zu sein schien. Auf einmal hatte ich das Gefühl, den Salzsand wie Nadeln auf meiner Haut zu spüren. »Es geht um Bilder, Sebastian. Die müssen wir abrufen, um etwas im Zuschauer hervorzurufen. Ist da Licht? Was glaubst du, wofür Licht steht, Sebastian?« Hoffnung.

Auch ich schöpfte Hoffnung, je länger ich mit Gisela probte. Das lag nicht nur an ihrer Arbeitsweise und daran, dass ich das Gefühl hatte, viel zu lernen und ein besserer Schauspieler zu werden. Ich vertraute Gisela. Nach einer Weile sprach ich mit ihr auch über meine Ängste davor, angeschrien zu werden, wie ich es vorher erlebt hatte. Auch Gisela wird manchmal während der Probe laut, zum Beispiel, wenn jemand nicht zuhört. Sie ruft dann: »Aus!« Wir wissen, dass es nicht persönlich gemeint ist. Sie schont uns nicht und führt uns an unsere Grenzen. Aber dann fängt sie uns auch wieder auf. Erst wenn das gegeben ist, kann man über sich hinauswachsen.

Sehr wichtig bei meinem Neuanfang als Schauspieler war Joachim Neumann. Er war schon lange in Giselas Gruppe. Joachim ist etwas größer als ich und sehr stark. Ich bezeichne ihn als meinen großen Lehrer, weil er mir bei *Alice in den Fluchten* gezeigt hat, wo ich auf der Bühne meinen Platz habe, worauf ich bei einem Einsatz achten soll. So wie damals, als ich das erste Mal in *Macunaíma* auf der Bühne stand. Joachim hat mich mit geformt. Und dann war da noch mein Freund Moritz, der für mein Wohlbefinden gesorgt hat und seitdem wie ein Bruder für mich ist. Er erklärte mir die Arbeitsweise von Gisela, warum sie etwas macht und was sie erwartet. Meine bisher wichtigste Premiere mit ihr als Regisseurin hatte ich am 15. Dezember 2011 mit *Lost Love Lost oder: Lasst mich den Löwen auch noch spielen!*, eine Shakespeare-Collage. Sie setzt sich zusammen aus *Der*

Sturm, Hamlet, Der Kaufmann von Venedig, Othello und *Richard III.* Es war eine Kooperation. Nicht nur RambaZamba-Schauspieler standen auf der Bühne, sondern auch gehörlose Darsteller vom Gestischen Theater. Dafür brachte uns eine der Praktikantinnen, die jeweils drei bis sechs Monate mit uns arbeiten, Gebärdensprache bei. Friederike war Mitte zwanzig, sah mit ihrem dunklen Haar aus wie eine Spanierin, hatte ein fröhliches, nettes Wesen und lachte gern. In *Lost Love Lost* hatten wir alle mehrere Rollen. Ich spielte einmal Othellos Leutnant Cassio, der in unserer Inszenierung ein Alkoholproblem hat. Keine Ahnung, wie oft ich »Ich will nicht« sagte, wenn mir Joachim als kleiner Offizier Jago etwas zu trinken anbot. Ich musste schmunzeln, denn es erinnerte mich an früher, an mich als Kind, wenn ich etwas abgelehnt habe.

Meine andere Rolle war Hamlet. Ich hatte über das Stück schon viel gelesen, es ist eine Geschichte über Liebe, Verrat, Mord. Alle großen Schauspieler haben sich um diese Rolle gerissen. Man muss schon selbst etwas verrückt sein, um Hamlet spielen zu können. So wie Klaus Kinski. Gisela hatte mich zwar von Anfang an dafür vorgesehen, ich musste sie aber noch überzeugen, dass ich es auch wirklich kann. Die Figur ist anspruchsvoll, weil Hamlet so tut, als wäre er verrückt. Er ist zweigeteilt. Nele spielte seine Geliebte, Ophelia. In einer der ersten Szenen ließ sie ihren weißen Blazer fallen und stand in einem kleinen Schwarzen vor mir. Wir schauten uns tief in die Augen, ich hielt ihre Hand, um sie zu küssen, wir berührten uns mit der Stirn. Dann sagte ich: »Ich liebte dich einst.« Plötzlich tauchte Polonius auf, Ophelias Vater, dargestellt von Joachim, und ich musste auf einmal das Gegenteil behaupten, nämlich, dass ich sie nie geliebt habe. Erst bringe ich also tiefe Liebe zum Ausdruck, dann Ablehnung, Härte. Dieser Wechsel ist ganz schön schwierig, denn es sind Gefühle, die einander entgegengesetzt sind. Dann musste ich tiefe Verzweiflung ausdrücken, weil ich Ophelia verletzt habe und sie herzzerreißend weint. Schmerzerfüllt verzog ich mein Gesicht, griff mit beiden Händen an meinen Kopf und beugte mich nach vorn. Ich schrie sie an: »Geh, geh in ein Kloster! Geh schnell! Wir sind ausgemachte Schurken, wir alle! Trau keinem von uns! Willst du heiraten, dann nimm einen Vollidioten. Von denen gibt es hier genug.«

Wenn man auf der Bühne steht, ist es nicht nur eine Herausforderung, sich in eine Rolle hineinzuversetzen. Man ist auch abhängig von der Stimmung der Kollegen, vor allem, wenn man so eng und intensiv mit ihnen zusammenspielt wie ich mit Nele. Wenn sie bei einer Probe nicht gut drauf war, hat sie mich mit runtergezogen und umgekehrt natürlich auch. Das ist normal, dagegen anzukommen oder das irgendwie wettzumachen ist jedoch nur sehr schwer möglich. Als Schauspieler müssen wir uns aufeinander verlassen, einander vertrauen können. Wenn einer von uns einen schlechten Tag hat, strauchelt manchmal die ganze Gruppe. Aber wir halten das gut aus, zusammen sind wir stark.

Lost Love Lost war ein voller Erfolg und für mich ein Triumph. Ich glaube, dass ich vorher nicht in der Lage gewesen wäre, so zu spielen. Dazu hätte mein Können nicht gereicht. Denn Gisela hat mich neu aufgebaut und vor allem ausgebildet. Hamlet zu spielen war bis jetzt das Aufregendste, was ich am Theater machen konnte. Ich hatte ja wirklich schon viele, inzwischen auch neue Rollen, aber am liebsten bin ich immer noch Hamlet.

SO
WIE DU
BIST

Unsere Reisetaschen schieben wir am besten unter die Sitze, dann stehen sie nicht im Weg«, sagte Friederike, nachdem der Zug sich in Bewegung gesetzt hatte. »Bin ich froh, dass wir auf die nächste Verbindung nicht lange warten mussten.«

»Wie viel später kommen wir denn in Köln an?«, wollte ich wissen.

»Nur eine gute halbe Stunde. Mach dir keine Sorgen, Sebastian, das wird schon klappen.«

»Und wenn unser Anschlusszug in Koblenz Verspätung hat?« Der Regionalexpress, der von unserem Abfahrtsort Trier nach Köln durchgefahren wäre, war ausgefallen, wir mussten spontan umdisponieren. »Was machen wir, wenn wir nicht rechtzeitig in Köln ankommen und den Flug verpassen?«

»Das wird nicht passieren, glaub mir. Ich habe zwei Stunden eingeplant, um vom Hauptbahnhof zum Flughafen zu kommen«, erklärte Friederike. »Zur Not nehmen wir ein Taxi.«

»Wenn du meinst ...« Es gibt wenig, was mich richtig

nervös macht. Zu spät kommen gehört allerdings definitiv dazu.

»Das wird schon, Sebastian. Hauptsache, wir haben an alles gedacht«, sagte Friederike munter.

Es stimmte, vergessen hatten wir nichts. Mein Regenschirm hing am Haken neben meinem Platz, und das Textbuch steckte griffbereit in meinem Rucksack. Darin hatte ich auch ein altes Handy meines Vaters und meinen Fotoapparat verstaut. Ich war jedoch viel zu aufgeregt, um auch nur eine Zeile zu lesen.

Friederike und ich waren auf dem Weg nach Wien, wo ich das erste Mal vor einer Filmkamera stehen würde. Ich sollte die Hauptrolle in *So wie du bist* – eine Koproduktion von MDR und ORF – übernehmen! Und Friederike war meine Reisebegleiterin und Betreuerin. Ich mag sie sehr. Bis vor wenigen Wochen hatte sie als Praktikantin mit uns im Theater gearbeitet und uns die Gebärdensprache für *Lost Love Lost* beigebracht. Sie war mir also vertraut. Am Set würde mir Jacob Höhne zur Seite stehen. Er ist der jüngere Sohn von Gisela Höhne und studierte damals noch in Salzburg am Mozarteum Regie. Und außerdem war er der Freund von Friederike. Die beiden hatten sich bei RambaZamba kennengelernt und sind inzwischen verheiratet. Jacob hatte Semesterferien, so konnte er mich während der Dreharbeiten coachen.

Zum Glück war ich nicht alleine unterwegs. Ich war mächtig aufgeregt, und obwohl ich es mir damals nicht eingestehen wollte, hatte ich auch ganz schön Angst. In Wien würde ich nicht wie sonst mit Schauspielern und

einem Regisseur zusammenarbeiten, die auf den Umgang mit mir eingestellt waren. Soweit ich wusste, hatte
der Regisseur noch nie mit einem Menschen mit Downsyndrom gedreht. Ich hatte zwar bisher nie ernsthafte
Probleme, wenn ich außerhalb meines Theaters, meines
gewohnten Umfelds arbeitete, zum Beispiel bei Fernsehinterviews oder in einer Talkshow. Aber was, wenn alle
am Set komplett andere Erwartungen hatten? Ich machte
mir wirklich Sorgen.

Während sich der Regionalexpress durchs beschauliche
Moseltal mit seinen Weinbergen und Burgen schlän-
gelte, dachte ich an Mutti und Vati. Hinter uns lagen
zwei schöne Wochen Urlaub in der Bretagne. Eigentlich
hatten wir noch einige Tage in Trier verbringen wollen.
Von dort aus wäre es mit einem Zwischenstopp auf der
Bundesgartenschau in Koblenz zurück nach Berlin gegangen. Wegen der Dreharbeiten, die vom 18. Juli bis
19. August 2011 dauern sollten, ging mein Urlaub aber
früher zu Ende. Friederike hatte mich also in Trier abgeholt. Ich fand es schade, dass mir die Sehenswürdigkeiten der über zweitausendjährigen Stadt entgingen. Wie
gern hätte ich das ehemalige römische Stadttor, die
Porta Nigra, das Amphitheater und die Konstantinbasi-
lika besichtigt.

Beim Abschied von meinen Eltern am Bahnsteig in
Trier war mir schwer ums Herz geworden. So lange getrennt und so weit weg von ihnen war ich zuvor noch
nie. Da half mir der Gedanke wenig, dass sie mich nach

der Hälfte der Zeit in Wien besuchen würden. Im Bahn-
hofscafé hatten wir noch alle zusammen gefrühstückt.
Mutti hatte Friederike erklärt, worauf sie achten sollte,
während Vati und ich Proviant besorgten. Als wir dann
zu viert auf den Zug warteten, hatte er Scherze gemacht.
Doch spätestens als ich meinen Eltern bei der Abfahrt
durchs Zugfenster zuwinkte, sah ich ihren Augen an,
dass sie auch traurig waren.

»Freust du dich auf Wien?«, Friederike riss mich aus
meinen Gedanken.

»Oh, ja, sehr. Wien ist die Stadt meiner Träume.«

»Wirklich? Gibt es etwas Bestimmtes, das du dir angucken möchtest?« »Na, mindestens den Stephansdom,
den Zentralfriedhof, Schloss Schönbrunn, die Hofreitschule und die Kaisergruft, wo die Habsburger begraben
sind«, zählte ich auf. Ich reichte Friederike den Reiseführer. Die Seiten, auf denen die entsprechenden Sehenswürdigkeiten beschrieben waren, hatte ich mit Zetteln
markiert.

»Ich sehe schon, die Habsburger haben es dir angetan«, bemerkte Friederike erstaunt nach schnellem
Durchblättern der Seiten.

»Ja, ich verehre Sisi. Sie war eine Lichtgestalt.«

»Warum?«

»Einmal bewundere ich sie für ihr Handeln, aber vor
allem für ihr Wesen, ihre Ausstrahlung.« Aus unzähligen Büchern weiß ich, dass die Männer ihr zu Füßen
lagen. Kaiserin Sisi war sehr klug und sehr schön. Sie
hatte alle betört, und ich bin mir sicher, dass ich sie auch

geliebt hätte. Sisi war für ihre Zeit ganz außergewöhn-lich – sie trieb viel Sport, war die beste Reiterin der Welt, eine richtige Sportskanone. Und vor allem hat sie die Menschen verstanden und konnte darum viel bewirken. Auch politisch. Besonders, als sie Königin von Ungarn wurde. Sie war eben auch eine gute Strategin. Ich konnte es kaum erwarten, mir in Wien alles im Original anzu-sehen, was ich zuvor schon in Filmen und auf Bildern gesehen hatte.

»Ich freue mich auch riesig auf das Essen«, sagte ich, als ich aus meinen Gedanken wieder aufgetaucht war.

»Ich auch!« Friederike lachte.

»Tafelspitz, aber vor allem die ganzen Mehlspeisen. Kaiserschmarren ist eins meiner Lieblingsgerichte.« Beim Gedanken an Topfenstrudel, Germknödel und Pa-latschinken lief mir das Wasser im Mund zusammen.

»Au ja, wir müssen unbedingt Sachertorte essen«, schlug Friederike vor.

In meinen Abschiedsschmerz und die Enttäuschung, von Trier fast nichts gesehen zu haben, mischte sich langsam Vorfreude. Das erste Mal richtig für einen Film vor der Kamera stehen! Bereits im Frühjahr waren der Regisseur Wolfgang Murnberger und der Produzent Al-fred Deutsch bei uns im Theater, um einige Filmaufnah-men von meiner Kollegin Juliana Götze zu machen. Sie sollte die weibliche Hauptrolle in *So wie Du bist* spielen: Michalina, die das Leben einer verbitterten pen-sionierten Richterin, deren Sicht aufs Leben und auf Menschen mit Behinderung zum Positiven verändert.

Für die männliche Hauptrolle, Michalinas Freund, den sie gegen alle Widerstände heiraten will, war eigentlich ein österreichischer Schauspieler vorgesehen. Der war aber zu dem Zeitpunkt noch nicht gefunden. Bei ihrem Besuch im Theater erlebten Wolfgang Murnberger und Alfred Deutsch dann Jule und mich auf der Bühne in Aktion. Auch sonst waren sie von unserer offenen Art, dem vertrauten Umgang miteinander – Jule und ich necken einander gern – so angetan, dass sie sich vorstellen konnten, die Rolle mit mir zu besetzen. Da es eine deutsch-österreichische Koproduktion war, mussten sie noch den ORF davon überzeugen, Michalinas Freund von einem Deutschen spielen zu lassen. Ich war mir sofort sicher, dass ich dabei sein will. Dass meine Eltern und ich bereitwillig unsere Urlaubspläne änderten, versteht sich von selbst. Die Aussicht, einen großen Fernsehfilm zu drehen, war einfach zu verlockend.

Ende Juni war ich zusammen mit Jule und ihrer Mutter Petra zur Kostümprobe in München. Dort trafen wir dann auch Gisela Schneeberger, die im Film die Richterin spielt, die unter Alkoholeinfluss einen Autounfall verursacht. Dabei wird Michalinas Vater schwer verletzt und ins Krankenhaus eingeliefert. Die Richterin muss sich nun um Michalina kümmern. Sie hat Vorbehalte und sträubt sich, für das Mädchen mit dem Downsyndrom Gefühle zu entwickeln – schließlich war sie ihr Leben lang kühl und sehr rational. Aber letztendlich verändert Michalina ihr Leben grundlegend. Man merkte Gisela Schneeberger an, dass sie erst nicht wusste, wie sie mit uns umgehen sollte. Aber sie begriff schnell, dass sie ganz normal mit uns reden konnte und wir wie sie erfahrene Schauspieler sind. Wir hatten einen guten Draht zueinander gefunden und begegneten uns offen und auf gleicher Augenhöhe. Ich mochte vor allem ihr herzliches, natürliches Lachen. Nach der Kostümprobe waren wir zum Essen mit dem Regisseur und dem Produzenten eingeladen. Sie erklärten Jule und mir ausführlich die Situation am Set und was sie von uns erwarteten. Ein bisschen wusste ich schon von Jule. Sie hatte erzählt, dass Regisseure manchmal exzentrisch sein können. Den Eindruck machte Wolfgang Murnberger mit seinem grauen Wuschelkopf allerdings nicht auf mich. Er wirkte absolut professionell, konzentriert, aber sehr offen und freundlich. Schon bei diesem Essen merkten wir, wie witzig er sein konnte, und hatten viel Spaß. Er brachte sogar Alfred Deutsch zum Lachen, der für alles verantwortlich war und meist dementsprechend ernsthaft und bestimmt wirkte.

Nach diesem Tag in München war ich mir sicher, dass ich für das Abenteuer in Wien bereit bin. Wenn so offene und gutgelaunte Menschen den Film drehen, kann eigentlich nichts mehr schiefgehen. Außerdem war ja Jule dabei. Ich bewundere sie sehr, weil sie schon mehr Filmerfahrung hat als ich. Ich versuche, genauso geduldig und einfühlsam zu sein wie sie, was mal besser und mal schlechter klappt. Um ihren Preis, den »Bobby«, beneidete ich sie damals sehr und hoffte, auch mal ausgezeichnet zu werden. Auf alle Fälle war es gut, sie während der Dreharbeiten an meiner Seite zu haben. Jule kennt mich und auch meine Launen genau.

Ich hatte trotzdem großen Respekt vor dem Dreh. Proben gab es vorher nicht, das ist beim Film nicht üblich. Der Regisseur arbeitet mit den Schauspielern direkt am Set. Ich fühlte mich gut vorbereitet – während des Urlaubs hatte ich morgens und abends meinen Text gelernt. Wie bei Stücken im Theater hatten Mutti und ich mit verteilten Rollen geübt. Schwer fiel mir eine Szene, in der ich meine Film-Mutter anschreien soll. Mutti und ich haben uns noch nie richtig angebrüllt. Es war echt komisch, als wir das probierten. Wir saßen am Frühstückstisch. Mutti schimpfte laut los und forderte mich auf, lauthals zu protestieren. Ich versuchte es. Sie schrie mich an, dass ich gefälligst lauter reden solle – und noch lauter und noch aggressiver. Vati saß daneben und bemühte sich, ganz ernst auszusehen. Plötzlich lachte er los und sagte, wir sollten uns doch bitte mal vorstellen, was die Nachbarn da von uns zu hören bekämen. Aber die waren zum Glück nicht da.

»Hast du was von Jacob gehört?«, fragte ich Friederike, um mich auf andere Gedanken zu bringen.

»Ja, bisher läuft alles wie geplant. Jule ist wohl etwas mitgenommen vom Dreh der Unfallszene.«

»Echt?«, fragte ich.

»Ja, aber sie hat es gut überstanden und freut sich schon auf dich«, beruhigte mich Friederike. »Und das Apartment, das die Produktionsfirma für uns angemietet hat, ist wohl sehr schön und liegt ganz zentral.«

216

»Wo denn genau?«, wollte ich gleich wissen.

»Im zweiten Bezirk, in der Nähe vom Karmeliterplatz.«

Das klang vielversprechend. Ich wusste, dass der erste Bezirk mit dem Stephansdom direkt daran angrenzt. Ich wurde langsam ungeduldig. In Koblenz mussten wir rennen, weil unser Zug von Trier nach Koblenz Verspätung gehabt hatte. Zum Glück schafften wir es, und die weitere Reise verlief ohne Verzögerungen oder Zwischenfälle. Auch wenn ich während des Urlaubs in Südafrika häufig geflogen war und jedes nur erdenkliche Verkehrsmittel genutzt hatte, brachte mir diese Reiseerfahrung nicht sehr viel. Diesmal war es etwas ganz anderes: Zum einen war ich »dienstlich« unterwegs, und zum anderen waren Mutti und Vati nicht dabei. Darum war ich froh und erleichtert, als wir endlich unser Gepäck auf dem Wiener Flughafen vom Band nahmen und Jacob uns in der Ankunftshalle begrüßte.

Was das Apartment anging, hatte Jacob nicht übertrieben. Es lag im sechsten Stock eines Altbaus, auf den man noch ein Dachgeschoss gesetzt hatte. Es gab sogar einen Fitnessbereich. Von der Terrasse aus hatte man einen atemberaubenden Blick auf Wien. Die Wohnung selbst bestand aus zwei Schlafzimmern, die sich jeweils am Ende des Flurs befanden. Es gab eine Küche, ein Wohnzimmer und zwei Bäder. Obwohl alles relativ neu und modern war, fühlte ich mich gleich wohl. Nachdem Friederike und ich schnell ausgepackt hatten, rief ich mit Jacobs Telefon meine Eltern an. Der Akku meines Handys war mal wieder leer. Danach gingen wir raus. Nach der Reise brauchten wir dringend frische Luft und Bewegung, außerdem hatten wir noch nicht zu Abend gegessen. Die Wahl fiel auf Falafel mit frischem Gemüse und einer pikanten Soße. Lecker, aber so gar nicht wienerisch.

Meinen Wecker stellte ich vor dem Schlafengehen auf zehn vor sieben. Jacob hatte gesagt, dass uns ein Fahrdienst zur Verfügung stehen würde. Der holte uns jeden Morgen um acht Uhr ab und fuhr uns zu den Drehorten in und außerhalb Wiens. Zur Sicherheit bat ich Friederike, mich zu wecken. Mir fielen gleich die Augen zu, nachdem ich das Licht gelöscht hatte.

Der erste Drehtag war dann sehr aufregend. Es waren wahnsinnig viele Leute da. Zum Teil kannten wir uns schon, dem Regisseur und Gisela Schneeberger waren Jule und ich ja schon in Berlin und München begegnet. Jacob Höhne und Petra Götze waren auch die ganze Zeit am Set. Und der Rest der Crew, angefangen bei den anderen Schauspielern, den Leuten von Kostüm und Maske über den Regieassistenten bis hin zu den Kameraleuten, Ton- beziehungsweise Lichttechnikern und dem Catering, war offen und unkompliziert. Da die Dreharbeiten schon eine Woche vorher begonnen hatten, waren die Abläufe eingespielt und alle aufeinander eingestellt. Es fiel mir leicht, mich ins Team einzufügen. Mein Text saß. Allerdings fand ich es anfangs schwierig, auf Kommando zu lachen, zu weinen oder zu schreien. Und immer hieß es: Klappe, die erste, Klappe, die zweite ... Alles entsteht Stück für Stück. Anders als auf der Bühne gibt es keine fortlaufende Handlung. Szenen werden einzeln und nicht unbedingt in der richtigen Reihenfolge gedreht. Bei den Synchronarbeiten von *Me too* hatte ich das schon erlebt, aber hier kam ja noch die Kamera hinzu. Gestik, Mimik und Körperhaltung mussten ebenso stimmen wie Tonlage und Betonung. Die Drehzeiten waren immer unterschiedlich. Mal drehten wir früh am Morgen, dann wieder tagsüber und manchmal sogar nachts. Dennoch versuchte ich, meine Routinen von zu Hause beizubehalten. Abends machte ich Kraftübungen vor dem großen Spiegel im Flur. Anschließend legte ich die Sachen raus, die ich am nächsten Tag tragen wollte. Wenn ich in der Freizeit nicht meine Texte noch mal durchging, spazierten wir durchs Viertel oder ich las in meinem Buch über die Habsburger oder hörte im Bett Musik über Kopfhörer.

»Sebastian, du quietschst ja richtig«, stellte Friederike eines Abends fest, als sie in mein Zimmer kam, um mir gute Nacht zu sagen. Ich nahm die Kopfhörer ab.

»Mir geht's eben richtig gut.«

»Ja, das sehe ich«, sagte sie und lachte.

»Weckst du mich morgen wieder?«

»Ich weiß nicht, du hast doch deinen Wecker und bist immer schon wach, wenn ich reinkomme. Ist das wirklich nötig?«

»Ja, denn ich möchte persönlich geweckt werden«, bestand ich auf meinem Wunsch.

Sie überlegte einen Moment: »Also gut, bis morgen um sieben dann.«

»Bitte um zehn vor sieben. Okay? Schlaf gut!«

»Ja, gut, zehn vor sieben, wie immer. Schlaf gut!« Sie klang etwas verwundert.

Am nächsten Tag nahm mich Jacob während einer längeren Pause am Set zur Seite.

»Hast du mal einen Moment?«, fragte er.

»Ja, was gibt's?«

»Weißt du, Sebastian, wir drei, Friederike, du und ich, leben hier in Wien zusammen«, kam er gleich zum Punkt. »Das heißt, man kümmert sich umeinander.«

Ich war verunsichert. »Was meinst du genau?«

»Friederike und ich sind nicht deine Diener.« Ich nahm einen Schluck aus meinem Kaffeebecher und sah dem Regieassistenten Hanuš Polak zu, wie er versuchte, die Scheinwerfer für die nächste Einstellung in die richtige Position zu bringen.

»Du meinst, weil ich von ihr geweckt werden möchte?«

»Zum Beispiel.«

»Verstehe.« Daran hatte ich gar nicht gedacht. Außerdem war ich es von zu Hause gewohnt, dass Mutti mich weckt.

»Aber nicht nur das«, fuhr Jacob fort. Oh, Gott, was kam noch? »Man kann so etwas nicht einfach einfordern. Du sollst mir ja auch nicht meinen Kaffee machen.«

»Stimmt«, pflichtete ich ihm bei. Inzwischen war Hanuš mit seinen Lampen fertig und die Kameraeinstellung passte.

»Eine WG muss ein gleichberechtigtes Miteinander

sein, und im Haushalt gibt es Dinge, die alle machen müssen. Zusammen kochen klappt ja schon ganz gut. Auch das Frühstück am Wochenende können wir entweder abwechselnd vorbereiten oder auch gemeinsam. Du musst dich aber daran beteiligen und kannst dich nicht einfach an den gedeckten Tisch setzen. Und ich bin mir sicher, dass du das auch schaffst.«

»Hmhm, ja, du hast recht.« Ich war mir dessen gar nicht bewusst gewesen. Wie unangenehm. Trotzdem war ich froh, dass Jacob so offen mit mir gesprochen hatte, denn die Zeit in Wien war auch ein erster Test. Nach meiner Rückkehr nach Berlin stand nämlich das nächste Projekt an: Ich wollte in eine betreute WG ziehen. Ich gab mir jetzt also richtig Mühe. Der Wecker hatte mich ja sowieso geweckt, dann konnte ich auch alleine aufstehen. Und für das gemeinsame Frühstück am Wochenende deckte ich den Tisch, während einer der beiden Brötchen holte und der andere Kaffee und Tee kochte.

Als eine kleine Herausforderung entpuppten sich im Laufe der Zeit die Abende, an denen wir nicht drehten oder nichts Besonderes vorhatten. Mir fiel es schwer, mich selbst zu beschäftigen, wenn Jacob und Friederike auch mal etwas für sich machen wollten. In der fremden Stadt traute ich mich doch nicht, alleine unterwegs zu sein, so wie in Berlin, wo ich mich richtig gut auskenne. An manchen Abenden saß ich im Wohnzimmer und wartete darauf, dass einer von beiden sich dazugesellt. Ich fühlte mich einsam. Mit meinen Eltern telefonierte ich immer nur kurz. Der Akku von Vatis altem Handy war nach zehn Minuten leer, und ich wollte nicht ständig Jacobs oder Friederikes Telefon benutzen. Sie hatten zwar ein Diensttelefon von der Produktionsfirma bekommen, aber meine Gespräche waren ja privat und nicht gerade billig. Zu Jule und ihrer Mutter wollte ich auch nicht ständig gehen, wenn mir langweilig war. Meistens sah ich dann fern.

Umso mehr freute ich mich, als Friederike und ich ins Kino gingen. *Harry Potter und die Heiligtümer des Todes Teil 2* lief gerade an. Wir fuhren extra quer durch die Stadt, um ein großes Multiplex-Kino zu finden. Wie bei jedem Kinobesuch kaufte ich vorher Popcorn und Cola. Sonst wäre es nur ein halber Kino-Spaß. Der Film war super. Nur Friederike stellte ständig Fragen. Dauernd brachte sie die Namen durcheinander, und sie verstand nicht, warum Voldemort gestorben ist, obwohl er doch die Wunderwaffe aus dem Grab von Dumbledore geraubt hat. Ich erklärte ihr alles, was sie wissen musste, um der Handlung folgen zu können. Schließlich hatte ich bereits alle Bücher gelesen und die anderen Filme gesehen. Der Kampf von Harry und seinen Freunden gegen die Todesser, gegen das Böse, ist überaus spannend. Besonders interessierte mich, welches Geheimnis sich um Harry Potter rankt, was seine Mission ist und was mit den Figuren passiert.

»Sag mal, kennst du die Harry-Potter-Geschichte eigentlich?«, fragte ich sie, als wir hinterher Richtung Kinoausgang liefen.

»Nö, ich habe weder das Buch gelesen noch einen der

Filme gesehen«, antwortete Friederike. Nun war mir alles klar.

»Hat es dir trotzdem gefallen?«

»Ich habe zwar nicht alle Zusammenhänge verstanden, aber der Film ist schon gut und phantasievoll gemacht.«

»Na, das freut mich.«

Am Ausgang zog ich meine Jacke an, setzte mein Basecap auf und nahm den Regenschirm. Friederike hielt die Tür auf.

»Sebastian, dein Fuß ist ja ganz dick«, sagte sie auf einmal. Ich schaute runter. Es war ein warmer Tag, und ich hatte noch meine Trekking-Sandalen an, die wir für Südafrika gekauft hatten. Friederike hatte recht, mein Fuß war geschwollen. »Hat dich was gestochen?«

»Nicht dass ich wüsste«

»Bist du umgeknickt? Hast du Schmerzen?« Friederike klang besorgt.

»Nee, umgeknickt bin ich nicht, und weh tut der Fuß auch nicht.«

»Passiert das öfter?«, fragte sie etwas irritiert.

»Manchmal, ich weiß aber auch nicht, woher das kommt.«

»Am besten kühlen wir deinen Fuß, wenn wir zu Hause sind, und beobachten, wie sich die Sache weiter entwickelt, ja?«, schlug Friederike vor.

Nach Hause zu laufen bereitete mir keine großen Probleme. Dort angekommen, legte Friederike als Erstes die Kühlpads ins Eisfach, die Mutti ihr mitgegeben hatte.

Auch Jacob schaute sich meinen Fuß an. Vor dem Schlafengehen musste ich beiden versprechen, dass ich ihnen sage, wenn es schlimmer wird.

Zwei Tage später war es dann so weit. Ich konnte kaum noch auftreten und musste zum Arzt. Beim Telefonat mit Mutti erfuhren wir, dass man in Österreich in Vorleistung gehen muss beziehungsweise es bestimmte Ärzte gibt, an die man sich als Urlauber wenden kann. Jacob fand im Internet heraus, dass im Krankenhaus der Barmherzigen Brüder mittellose und nicht versicherte Menschen unentgeltlich behandelt werden. Es befand sich auch noch im zweiten Bezirk, also ganz in der Nähe.

Zu dritt machten wir uns auf den Weg, Jacob stützte mich. Er ist nur ein paar Zentimeter größer als ich. Ich versuchte, es ihm so leicht wie möglich zu machen, und stützte mich auch mit dem Schirm ab. Jacob und Friederike war anzumerken, dass das Telefonat mit Mutti und die Aussicht, dass mir bald geholfen werden würde, sie beruhigte. Wir waren zu einer engen Gemeinschaft zusammengewachsen, und ich war froh, sie bei mir zu haben, als ich Richtung Krankenhaus humpelte. Vor allem Jacob fühlte ich mich sehr verbunden. Ich habe mir ja immer Geschwister gewünscht. Das hat sich bis heute nicht geändert. Und gute Freunde wie Moritz können eine Schwester oder einen Bruder nicht ersetzen, glaube ich. Jacob bewundere ich auch für sein Wissen. Während unserer Zeit in Wien studierte er noch, was ich auch gern gemacht hätte.

Die behandelnde Ärztin im Spital, wie die Österreicher sagen, war sehr nett. Sie gab mir eine Spritze gegen die Entzündung und gegen die Schmerzen sowie eine Salbe mit abschwellender Wirkung. Das kannte ich aus Berlin schon. Dort war ich wegen ähnlicher Vorfälle schon beim Arzt gewesen, aber niemand hatte die Ursache rausgefunden. Auch der Verdacht, dass es Gicht sein könnte, hatte sich nie bestätigt. Meine Beschwerden waren dann bald weg. Bei den Dreharbeiten am nächsten Tag war ich voll dabei.

Es war gut, dass ich so schnell wieder fit war. Denn Hanuš, der Regieassistent, lud Jacob, Friederike und mich ein, seinen und den Geburtstag einer Freundin in einem Club zu feiern. Ich tanze für mein Leben gern und fand es aufregend, am Wochenende abends etwas vorzuhaben.

Wir nahmen die U-Bahn und mussten dann noch ein Stückchen laufen. Vor der Disco hatten sich ein paar Leute versammelt.

»Wie alt ist er denn?«, fragte der Türsteher, ein kräftiger Typ Ende dreißig in schwarzer Jacke, der in seinen klobigen Schuhen breitbeinig am Eingang stand.

»Wie bitte?«, fragte Jacob zurück.

»Na, wie alt der Bub da ist«, wiederholte der Einlasser seine Frage.

»33«, antwortete Jacob knapp.

»Habt's ihr seinen Ausweis dabei?«, wollte er als Nächstes wissen.

»Nein, haben wir nicht«, klinkte sich nun auch Friederike in die Diskussion ein.

»Dann kommt er nicht rein.«

»Das kann ja wohl nicht sein.« Jacob wurde richtig sauer.

»Wir sind eingeladen«, fügte Friederike hinzu. In dem Moment lief Hanuš Polak am Eingang vorbei. Er musste mitbekommen haben, dass man uns nicht reinlassen wollte.

»Passt schon, die gehören zu uns«, sagte er zum Türsteher, der uns kommentarlos durchwinkte. Ich erinnerte mich an Daniel in *Me too*, dem der Türsteher eines Bordells den Einlass verwehrt. Zum Glück habe ich selbst so eine negative Türsteher-Erfahrung nur dieses eine Mal in Wien machen müssen. Zu Hause ist mir das noch nicht passiert. Vielleicht, weil ich nicht oft in Clubs gehe. Und bei den wenigen Besuchen zuvor war ich immer mit Freunden zusammen unterwegs gewesen.

Wir nahmen die drei Stufen in die Disco. Es muss eine ehemalige Wohnung gewesen sein, denn es gab zwei mittelgroße Räume, die etwas heruntergekommen waren. Im dritten Zimmer befand sich eine Bühne, auf der eine Stange befestigt war. Es war dunkel, und etwa siebzig Leute verteilten sich auf die drei Räume. Hanuš, ein paar andere aus dem Filmteam und eine Reihe von Freunden standen im Barbereich gleich hinter dem Eingang. Die, die wir kannten, begrüßten uns, und wir wurden gleich in die Gruppe einbezogen. Hanuš, mit dem ich mich bei den Dreharbeiten schnell angefreundet hatte, lud mich auf ein Bier ein, alle unterhielten sich angeregt.

Nach einer Weile gingen einige von uns in den Raum mit der Bühne und versorgten sich mit neuen Getränken. Eine junge, füllige Frau mit dunklen Haaren, die zusammen mit uns gekommen war, gab plötzlich ihr Glas ihrem Begleiter und stieg auf die Bühne. Ich glaube, sie war etwas beschwipst. Sie begann, sich an der Stange zur Musik zu bewegen. Es sah gut aus. Ich ging näher ran, um besser sehen zu können. Jacob hatte mir vorher erzählt, dass eine Stange in Clubs in Österreich zur üblichen Ausstattung gehört. Nach einer Weile zog die Frau ihre Jacke aus und tanzte weiter. Sie muss schon öfter an einer Stange getanzt haben, dachte ich. Fasziniert sah ich ihr zu. Dann legte sie auch ihr langärmliges Shirt und das Top ab, die sie unter der Jacke angehabt hatte. Am Ende trug sie oben nur noch ihren BH. Du meine Güte, wo bin ich denn hingeraten?, dachte ich. Bin ich etwa in einem GoGo-Club?

Ich schaute so gebannt zu, dass ich den Türsteher erst bemerkte, als er auf die Bühne stieg. Er fasste die Frau an einer Schulter und gab ihr zu verstehen, dass sie doch bitte herunterkommen solle. Sie hielt inne, sah ihn etwas wirr lächelnd an und sammelte dann ihre Kleidung auf, bevor sie die Stufen zur regulären Tanzfläche hinunterging. Die Umstehenden tuschelten oder schüttelten den Kopf.

Meine Chance war gekommen, die Bühne war frei. Es lief ein rockiger Titel von Queen, und ich fing an, mich im Rhythmus zu bewegen, die Stange in meiner rechten Hand. Es fühlte sich gut an, und ich vergaß in dem

Moment alles um mich herum. Plötzlich spürte ich eine kräftige Hand auf meiner linken Schulter. Ich hielt inne. Schon wieder der Türsteher.

»Komm sofort runter«, forderte er mich auf. Was wollte er? Die Frau hatte er doch auch eine Weile tanzen lassen, und ich hatte nicht vor, mich wie sie auszuziehen. Ich wollte ja nur tanzen. Zunächst ließ ich mich nicht beirren, die Stange fest in meiner Hand machte ich weiter.

»Hier wird nicht auf, sondern neben der Bühne getanzt. Komm runter, auf der Stelle«, schnauzte mich der Türsteher an. Sein Ton war jetzt anders, deutlich schärfer als vorher. Neben ihm tauchte nun Friederike auf, die das Ganze beobachtet haben musste.

»Sebastian, ich glaube, es ist besser, wenn du hier unten mit uns weitertanzt.« Ich wollte nicht, dass wir Ärger kriegen oder rausgeschmissen werden.

»Okay«, sagte ich und beeilte mich, von der Bühne runterzukommen. Der Türsteher nickte mir noch einmal zu, als wolle er sagen: »Na also, geht doch.«

Nachdem man mich also von der Bühne gescheucht hatte, tanzten wir in der Gruppe weiter. Ich gab mich der Musik voll hin und war wie in Trance. Wäre es nach mir gegangen, hätte es ewig so weitergehen können. Irgendwann kam Jacob zu mir und sagte: »Sebastian, wir sollten langsam los.«

»Aber warum denn? Es ist doch noch gar nicht so spät. Außerdem ist Wochenende«, erwiderte ich.

»Es ist schon fast halb zwei.« Jacob zeigte auf seine Armbanduhr.

»Ach so, verstehe. Wo ist Friederike?«, erkundigte ich mich.

»Sie sagt den anderen gerade Tschüss.«

Als wir vor die Tür der Disco traten, wurde mir wieder bewusst, wie wunderschön Wien nachts beleuchtet ist. Ich hatte das Gefühl, vor mir würde sich eine Märchenstadt ausbreiten. Der Abend war Wahnsinn gewesen. Ich war wie berauscht, obwohl ich nur das eine Bier mit Hanuš getrunken hatte. Auf dem Weg zur U-Bahnstation tanzte ich weiter. Jacob lachte, und Friederike wollte von uns wissen: »War das nicht ein netter Abend?«

»Ja, und wie!«, stimmte ich ihr zu. Jacob zog sie an sich heran, drückte ihr einen Kuss auf die Wange, und Arm in Arm gingen sie neben mir her. Vor lauter Glück und Vergnügen konnte ich mir ein Jauchzen nicht verkneifen.

»Hör mal, Sebastian quietscht schon wieder«, nahm Jacob mich auf den Arm.

»Ha, ha. Na und, lass mich doch.«

»Genau! Jacob fand's genauso super und traut sich nur nicht, nicht wahr?«, neckte ihn Friederike.

»Nee, nee, nee, nee«, gab Jacob zurück. Es war schön, die beiden so verliebt zu sehen.

Der Rest des Wochenendes verlief ruhig und entspannt. Am nächsten Drehtag erzählte ich Jule und ihrer Mutter, wir wären im Puff gewesen. Petra Götze machte vielleicht Augen. Jacob, der dabei war, konnte sich ein Lachen nicht verkneifen. Auf die Idee gebracht hatte mich die Stange auf der Bühne. Jule fand's lustig, nachdem wir sie und Petra über den Ort aufgeklärt hatten.

»Das solltest du besser nicht erzählen«, riet mir am Abend Friederike, als Jacob ihr das entgeisterte Gesicht von Petra beschrieb. »Was denken die Leute, wohin wir dich schleppen? Die Verantwortung für dich liegt momentan bei uns. Wir müssen dich sozusagen beaufsichtigen.«

»War ja nur Spaß«, beschwichtigte ich sie.

Nach der Hälfte der Dreharbeiten kamen Mutti und Vati wie vereinbart nach Wien.

Ich merkte, dass ich meine Eltern doch ganz schön vermisst hatte. Mutti und Vati hatten extra ein Zimmer in einem Hotel gleich um die Ecke. Wir konnten uns gegenseitig zu Fuß abholen, wenn wir zu gemeinsamen Unternehmungen aufbrachen. Und zum Sonntagsfrühstück trafen wir uns im Hotel, so hatten Friederike und Jacob auch mal einen Tag für sich allein. Viel Zeit hatten wir aber nicht, da ich am Wochenende nicht komplett freihatte. Es wurde zwar nicht gedreht, aber Jule und ich mussten eine Szene proben, in der wir mit der Wiener I Dance Company – das sind hochprofessionelle Tänzer mit Trisomie 21 – auf der Bühne stehen. Wir sind beide Mitglieder dieser Gruppe und tanzen zur Musik aus dem Film *Die fabelhafte Welt der Amélie.* Dafür mussten wir noch die Choreographie einstudieren. Nach einer längeren Diskussion mit der Tanzlehrerin und dem Versprechen, nicht zu stören, durften meine und auch Jules Eltern zusehen. Aber erst nachdem der Hauptteil der

Probe vorbei war. Es dauerte etwa eine Stunde. Am Ende waren Mutti, Vati und Jules Eltern nicht nur begeistert, sondern auch zu Tränen gerührt. Jule und ich hatten mit viel Hingabe getanzt und tauchten mit unseren Bewegungen und gegenseitigen Berührungen selbstvergessen in die verträumte Musik ein. »Wenn es uns vor der Kamera auch gelingt, so zu tanzen, wird das bestimmt eine der schönsten Szenen im Film«, sagte ich zu Jule und umarmte sie. Sie lächelte nur. Es war uns sehr wichtig, dass unseren Eltern der Tanz gefiel. Besonders für mich war es wie ein Test. Denn meine Filmmutter sollte sich schließlich ebenso berührt fühlen. Die Tanzszene würde auf sie also schlüssig und überzeugend wirken. Und ihr hoffentlich beweisen, dass Michalina die Richtige für mich ist und dass ich bei ihr bleiben will. Vor allem meine »Mutter«, aber auch mein »Vater« sind gegen die Hochzeit von Michalina und mir. Meine Mutter wird in *So wie du bist* von Petra Morzé gespielt. Sie ist eine starke Schauspielerin mit einer ungeheuren Präsenz – immerhin ist sie Ensemblemitglied am Wiener Burgtheater. Es war also schon eine große Herausforderung, gegen sie anspielen zu müssen und als ihr Sohn Widerstand zu leisten. Zwei Szenen mit ihr fand ich besonders kompliziert. In der einen sitze ich mit meinen »Eltern«, die meinen Heiratswunsch und in manchen Situationen auch mich ablehnen, im Esszimmer. Ein kalter, nüchterner Raum. Es ist eine sogenannte stumme Szene, weil ich meinen Frust ausdrücken muss, ohne etwas zu sagen. In der anderen Einstellung unterstreicht unsere räumliche Position ihr auch ihrem Mann und anderen Menschen gegenüber dominantes, bestimmendes Auftreten. Petra Morzé, die mich von Michalina wegziehen möchte, steht oberhalb von mir auf einer Glastreppe, schaut auf mich herab, und ich muss versuchen, ihr etwas entgegenzusetzen.

Richtig herausgefordert war ich aber bei einer ganz anderen, eigentlich ziemlich kurzen Szene. Zunächst mussten wir ewig warten, es sollte erst richtig dunkel werden. Meine Geduld wurde also wieder einmal arg auf die Probe gestellt. Wir tranken alle literweise Kaffee, um bei diesem Nachtdreh munter zu bleiben. Extra bereit stand ein Wohnwagen, der vor allem für Jule zum Erholen und Umziehen gedacht war, weil sie in dem Film mehr Szenen hatte als ich. Jacob und ich warteten neben dem Wohnwagen. Als Licht und Ton richtig eingestellt und die Nacht endlich dunkel genug war, begann der Dreh. Jule und ich sitzen auf dem Rand eines Springbrunnens, im Hintergrund sieht man die schön angestrahlte Karlskirche. Belustigt schauen wir vier Jugendlichen zu, die mit Segways über den Karlsplatz düsen und dabei eine Menge Spaß haben. Plötzlich kommen sie auf uns zugefahren und bleiben abrupt vor uns stehen.

»Hey, da sitzen zwei Mongos! Hob gar net g'wusst, dass die fra rumlaufen dürfen!«, rief einer von ihnen laut. Ein Schreck fuhr mir in die Glieder. Das klang so echt! Ich kannte den Text ja vorher, aber wie schlimm es ist, das ins Gesicht gesagt zu bekommen, hatte ich unterschätzt. Wir brauchten zwei Klappen, bis die Szene im

Kasten war. Währenddessen ging mir nur ein Gedanke durch den Kopf: Hilfe! Mongo hatte noch niemand zu mir gesagt. Andere Schauspieler aus meinem Theater sind schon so oder ähnlich auf der Straße beschimpft worden. Ich noch nicht. Auf einmal hatte ich wahnsinnige Angst, dass mir das auch passieren könnte. Zum Glück brauchten wir nicht mehr Anläufe für die Szene, denn es war für mich ein kleiner Weltuntergang. Umso erleichterter waren Jule und ich, als wir sahen, wie die Jugendlichen, gleich als die Kameras aus waren, freundlich lachend auf uns zukamen. Gar nicht mehr bedrohlich.

»Es tut uns leid, dass wir das sagen mussten«, entschuldigte sich einer von ihnen und zog sich seine runterhängenden Jeans nach oben.

»Nehmt das bitte nicht ernst, ja?« Er nahm sein Basecap ab und umarmte mich. »Das ist nicht unsere Meinung. Das ist nur der Text, den wir hier im Film sprechen müssen.«

Jule sah mich an: »Das wissen wir, aber danke.«

»Ist schon okay«, bedankte ich mich ebenfalls bei ihnen. »Ich find's richtig gut, dass ihr das noch mal klarstellt.«

»Kein Problem, hat Spaß gemacht, mit euch zu drehen. Macht's gut!«, verabschiedeten sie sich.

»Ihr auch!«, rief Jule hinterher.

»Die waren ja wirklich anständig«, sagte ich zu ihr. Die Reaktion der anderen, nichtbehinderten Schauspieler war ja meine größte Sorge gewesen: Was ist, wenn sie uns ablehnen? Bisher war alles gutgegangen, und ich hatte das Gefühl, dass wir alle ehrlich miteinander umgingen und niemand sich verstellte, wenn er sagte, wie gut es sich mit uns arbeiten lässt. Aber man steckt ja nicht drin. Und ich als Schauspieler weiß, dass man sich in Situationen hineinversetzen, Rollen überzeugend spielen muss. Ob als Zeit im Stück *Alice in den Fluchten* oder Hamlet in *Lost Love Lost*, der auch zwei Gesichter hat. Woher hätte ich also vorher wissen sollen, was die Jugendlichen wirklich dachten, ob die anderen Schauspieler uns ernst nahmen? Im Nachhinein erfuhren wir, dass der Regisseur und auch Gisela Schneeberger vor Drehbeginn tatsächlich nicht gewusst hatten, wie sie mit Jule und mir umgehen sollten. Gisela hatte in einem Interview erzählt, dass sie sich gefragt habe, ob man mit uns normal reden könne oder ob eine Art Babysprache nötig sei. Schnell habe sie jedoch gemerkt, dass sie mit Jule und mir wie mit normalen Erwachsenen sprechen kann und wir eben professionelle Schauspieler sind. Ich glaube, der Dreh mit uns war auch für Gisela Schneeberger – und vielleicht noch für andere aus dem Team – ein besonderes Erlebnis, so dass es ihr am Ende so ging wie der Richterin, die sich dafür einsetzt und einen Weg findet, dass Michalina und ich heiraten können. Auch Wolfgang Murnberger bedankte sich bei uns nach Abschluss der Dreharbeiten ganz aufrichtig und stellte fest: »Ihr seid wirklich Schauspielprofis.« Ganz am Anfang, als das Drehbuch besprochen und Schauspieler gesucht wurden, hatte er Berührungsängste, weil er noch nie mit

Menschen mit Downsyndrom gearbeitet hatte, erzählte er uns. Doch diese Unsicherheiten seien sofort weg gewesen, nachdem er uns persönlich getroffen hatte. Und zu meinen Eltern sagte er bei der gemeinsamen Abschlussfeier nach dem Ende der Dreharbeiten augenzwinkernd: »Ich musste aufpassen, dass Sebastian mir nicht die Regie aus der Hand nimmt.« Das stimmte, denn die Szene vor der Karlskirche endet mit Jules und meiner Flucht. Ich war damit nicht einverstanden gewesen.

»Aber das ist ja völlig unlogisch«, hatte ich zu Wolfgang gesagt. »Hinter den Bäumen ist doch nichts, wo wir Zuflucht finden.«

»Wie meinst du das, Sebastian?«, wollte er daraufhin wissen.

»Wir haben Angst vor den Jugendlichen und suchen Schutz«, fuhr ich fort. »Wir müssen Richtung Kirche flüchten.« Ich dachte, dort finden wir den Schutz Gottes, so etwas wie Kirchenasyl. Dabei erinnerte ich mich an meinen katholischen Kindergarten, in dem ich viel über die Religionen erfahren hatte, wir lernten dort zu beten, andächtig zu sein, Ehrfurcht zu haben und auf die Hilfe Gottes zu vertrauen. Aus dem Augenwinkel sah ich, dass Jule nickte. Wolfgang hielt inne und dachte einen Moment nach.

»Ja, du hast recht. Wir machen es so, wie du vorgeschlagen hast.« Es war nicht das erste Mal, dass er auf meine Anregung hin etwas änderte. Vorher war es die Kinoszene gewesen, wo mir mein Text unpassend erschien. »Sorry, das kann ich so nicht sagen«, hatte ich zu

Wolfgang gesagt. »Doch, du musst. Das steht so im Drehbuch.« »Nee, Wolfgang, das geht so nicht. So spricht doch kein Mensch. Lies doch mal«, forderte ich ihn auf. Das tat er dann auch und bat mich, es so auszudrücken, wie ich es für richtig hielt.

Am meisten Spaß hatten Jule und ich, als wir mit Peter Turrini drehten. Er spielt in *So wie du bist* den Bischof, der auf Initiative der Richterin unsere Ehefähigkeit prüft. Es gibt eine Begrüßungsszene, in der Peter einen Raum betritt. Unglaublich, wie oft er das auf unterschiedliche Art und Weise gemacht hat. Einmal tat er so, als wäre dort eine besonders hohe Schwelle. Ein anderes Mal sprang er darüber, dann wieder sah es so aus, als würde er über einen Zaun steigen. Ein urkomischer Anblick, ich fiel fast um vor Lachen. Peter hörte gar nicht mehr auf damit.

»Jetzt lasst doch mal den Blödsinn!«, fuhr ein Kameramann irgendwann dazwischen, und wir sahen zu, dass die Szene schnell im Kasten war.

Am schönsten finde ich in *So wie du bist* die Hochzeitsszene, weil sie so romantisch ist. Gedreht haben wir in der Piaristenkirche Maria Treu im achten Wiener Bezirk, der sogenannten Josefstadt. Ich musste zwar kurz an meine Trennung von Jessy denken, es machte mich aber nicht mehr so traurig. Viel schwieriger war wieder mal, dass alles sehr lange dauerte. In der Szene wird Jule als Braut in einem Auto vorgefahren. Da es hier nicht so sehr auf ihr Spiel, sondern wie bei der Fluchtszene auf dem Karlsplatz auf die Einstellung von Licht, Ton usw.

ankam, wurde sie gedoubelt. Ich weiß nicht, wie oft der Wagen vor mir zum Stehen kam und die »falsche« Jule ausstieg. Irgendwann platzte mir der Kragen.

»Wollt ihr mich verarschen? Das ist die falsche Braut. Die rechte Braut sitzt noch daheim«, zitierte ich aus Aschenputtel. Jule, die zu dem Zeitpunkt schon am Set war, sagte nur: »Bleib mal ganz locker, Basti.« Das gelang mir nicht, denn ich stellte mir vor, wie es bei der Kussszene vor dem Altar sein würde. »Was wollt ihr machen, wollt ihr wieder mit einem Double drehen? Kuss. Pause. Kuss. Pause. Ich will nicht das Double küssen, ich will meine Jule!« Alle mussten lachen, und die Anspannung löste sich.

Auch sonst muss man als Schauspieler unheimlich oft auf irgendwas warten. Mal ist noch jemand in der Maske, mal braucht man für eine Szene viel länger oder man muss warten, dass es aufhört zu regnen. Für mich war das sehr belastend, und es fiel mir unheimlich schwer, nicht ungehalten zu werden. Es half ein bisschen, dass Jacob bei mir war und wir ständig zum Cateringbereich gingen, um uns mit Essen und Kaffee zu versorgen. Entsprechend groß war meine Enttäuschung, dass die Hochzeitsszene auf nur wenige Minuten zusammengeschnitten wurde. Wolfgang war die Trauung vor dem Altar am Ende zu kirchenlastig. Und er wollte die Leichtigkeit des Films nicht durch zu viel Sentimentalität zerstören. Für die paar Minuten hatten wir stundenlang gedreht. Aber so ist das eben als Schauspieler manchmal. Und ich fühlte mich meistens ja auch richtig wohl in Wien.

Der Produzent Alfred Deutsch brachte es auf den Punkt, als er zu meinen Eltern sagte: »Sebastian wandert aus. Er will hier in Wien bleiben.«

Auswandern war dann aber gar nicht nötig. Ich hatte noch ausreichend Zeit, die Stadt kennenzulernen. Im April 2012 wurde ich noch einmal ein paar Tage nach Wien eingeladen: zur Fernsehpremiere unseres Films im ORF. Mit Mutti und Vati besuchte ich die Hofburg und die Spanische Hofreitschule. Wir machten auch eine Fiakerfahrt, vorbei am Parlament, am Burgtheater, an Mozarts Sterbehaus und an den Häusern von Beethoven und Schubert an der ehemaligen Stadtmauer, durch die Hofburg und das ganze alte Wien.

Am meisten unternommen habe ich natürlich mit Friederike, da sie mich an drehfreien Tagen begleitete. Einen sonnigen Tag verbrachten wir in Schönbrunn, wo sie über mein Wissen über die K.-u.-k.-Monarchie staunte. Ich kannte mich überall schon richtig gut aus, und als uns ein Herr nach dem Weg zum Stephansdom fragte, wusste ich gleich Bescheid. Bei unseren Ausflügen machte ich unzählige Fotos. Friederike amüsierte sich manchmal über mich. Um alles auf ein Bild zu bekommen, verrenkte ich mich und brauchte viel Zeit, um das Motiv optimal festzuhalten. Das Licht, die Linien, der Aufnahmewinkel, der Ausschnitt müssen stimmen. Erst dann ist ein Foto für mich perfekt. Das ist mir wichtig, weil ich es ja nicht am Computer nachbearbeite. Als wir mit Jacob in den Prater gingen, ließ ich meine Kamera jedoch zu Hause, und er machte mit seinem Handy Bilder. Ich hatte Angst, dass der Apparat mir auf dem Rummel abhandenkommt oder kaputtgeht. Ich wollte ja auch unbedingt verschiedene Fahrgeschäfte ausprobieren. Welche, das hatte ich mir vorher genau überlegt. Es dauerte, bis wir sie gefunden hatten, das Gelände ist riesig, und es war richtig viel los. Jacob und Friederike warteten geduldig, bis ich genug hatte. Anschließend aß ich Schnitzel – natürlich das echte Wiener – mit Pommes, die beiden entschieden sich für Bratwurst.

Außerdem wollte ich unbedingt ins Hundertwasserhaus. Ich mag seine bunten und phantasievollen Bilder und Häuser und bekomme gleich gute Laune, wenn ich sie sehe. Den Künstlernamen »Friedensreich« zu wählen sagt doch schon viel aus, oder? Die Ausstellung hat mir gut gefallen, auch wenn es wegen des Regenwetters recht voll war. Im Museumsshop wollte ich dann unbedingt noch etwas kaufen. Die Abreise nahte, und ich wollte meinen Eltern, Uschi und Gerdi eine Freude machen. Wie immer war es mir besonders wichtig, für jeden ein passendes Mitbringsel zu finden. Ich wählte Lesezeichen mit Hundertwasser-Motiven aus.

Am spannendsten von allen Sehenswürdigkeiten fand ich den Zentralfriedhof. Im Reiseführer stand, dass er mit seinen gut 330 000 Grabstätten einer der größten in Europa ist. Für alle großen Religionen gibt es eine eigene Abteilung: je einen Bereich für Katholiken, Protestanten und Orthodoxe. Es gibt einen jüdischen und einen buddhistischen Friedhof sowie einen islamischen Abschnitt. Nicht zu vergessen die Präsidentengruft vor der zentralen Friedhofskirche zum heiligen Karl Borromäus sowie die Gedenkstätten und Kriegsgräber. Das sahen wir uns aber nicht alles an, denn das Gelände ist riesig und übertraf all meine Vorstellungen. Mich interessierten die Ehrengräber, also die Ruhestätten der Komponisten: Beethoven, Schubert und Johann Strauß. Die sterblichen Überreste von Mozart befinden sich allerdings auf einem anderen Friedhof, so dass wir uns nur das Denkmal anschauen konnten. Lange gesucht haben wir nach dem Grab von Falco, der eigentlich Johann Hölzel hieß und 1998 im Alter von 41 Jahren gestorben ist. Obwohl es ein sonniger Tag war, empfand ich die Atmosphäre irgendwie als gedämpft und auch ein bisschen traurig. So ganz anders als auf den Friedhöfen, die ich vor allem mit Gerdi oder mit meinen Eltern während unserer Urlaube aufgesucht hatte. Vielleicht liegt es daran, dass hier so unglaublich viele weltberühmte Künstler begraben sind und man ganz ehrfürchtig wird.

Als der Rückflug nahte, konnte ich kaum glauben, wie schnell die Zeit vergangen war. Der Gedanke, dass Jule, unsere Eltern und ich zur Premiere von *So wie du bist* wieder nach Wien reisen und Wolfgang Murnberger, Gisela Schneeberger, Hanuš Polak, Alfred Deutsch, Petra Morzé und all die anderen wiedersehen würden, erleichterte mir den Abschied. Und am liebsten bin ich ja sowieso in Berlin. Hier wartete auch schon die nächste Aufgabe auf mich.

MEINE WELT,
DEINE WELT?
UNSERE WELT!

Kurz nach der Rückkehr aus Wien war es dann auch so weit: Ich zog von zu Hause aus. Der Umzug war eine Hauruckaktion. Nach den Dreharbeiten blieb mir zum Packen nur eine gute Woche, und dann stand am 1. September der Möbelwagen Punkt neun Uhr vor der Tür. Ich hatte also gar keine Gelegenheit, nach den schönen Wochen in Wien in ein Loch zu fallen. Mutti und Vati halfen mir beim Einpacken. Neben Fotos meiner Familie, Büchern, CDs, DVDs und meiner Matchboxautosammlung sollten mich der Kragenbär und die gelbe Katze – mein ältestes Plüschtier – begleiten. Ich wollte sie beide auf mein neues blaues Sofa setzen. Genauso wichtig waren mir Mitbringsel von Reisen wie die Kalimba und die Rassel aus Afrika. Auch mein Lieblingsbild »Blue Lady mit Seifenblasen« von einem georgischen Künstler durfte nicht fehlen. Meine Eltern hatten es mir bei einem Besuch auf dem Kunstmarkt neben dem Deutschen Historischen Museum gekauft, weil mich die Farben wahnsinnig faszinierten.

Da alles so schnell gehen musste, war der Abschiedsschmerz kleiner, als ich gedacht hatte. Und nachdem ich mich eingerichtet hatte, war ich auch schon mittendrin. Zwei meiner fünf Mitbewohner kannte ich sehr gut: Mit Nele und Zora stehe ich ja gemeinsam auf der Bühne. Die anderen drei Mitbewohner musste ich erst näher kennenlernen. Jeder von uns war neu in der WG, bis auf einen waren alle direkt von den Eltern hierher gezogen. Es war für uns alle eine große Umstellung: Bei sechs Leuten und drei bis vier Betreuern ist zwangsläufig viel los. Manchmal fehlte mir trotz meines eigenen großen Zimmers die nötige Ruhe. Ich freute mich darum auf die monatlichen Familienwochenenden in Pankow. Doch ich wusste ja schon aus Wien, worauf es beim Zusammenleben in einer WG ankommt: Ich mochte den Trubel und die Gemeinschaft, war aber auch froh, mich zwischendurch zurückziehen zu können. Dazu kam noch die Arbeit im Theater, und ich war voll ausgelastet. Und manchmal mehr als das. So vergingen die ersten zwei WG-Jahre wie im Flug.

Den zweiten Jahrestag wollte ich gebührend feiern. Mein Freund Moritz kam vorbei, und ich holte Kuchen beim Bäcker.

Vor mir lief eine grölende Gruppe Hertha-Fans. Ich erkannte sie an ihren blau-weißen Schals und dem Gesang: »Ha Ho He Hertha BSC! Ha Ho He.« Es waren ungefähr fünf oder sechs Leute. Die Ampel an der Kreuzung Landsberger Allee und Petersburger Straße sprang auf Rot. Die jungen Typen beeilten sich, auf die andere Seite zu kommen. Sie schafften es. Nur einer war zu langsam und musste warten. Beide Straßen sind sehr be-

242

fahren, Autos rauschten an uns vorbei. Es war kühl, die Abgase bildeten kleine Wolken. Den Blick auf die Ampel gerichtet, bekam ich aus dem Augenwinkel mit, wie der Hertha-Fan neben mir mich anstarrte. Seine Kumpels auf der gegenüberliegenden Straßenseite riefen etwas rüber, doch er reagierte nicht. Mir wurde ein wenig mulmig. Sonst versuche ich immer, größeren Gruppen aus dem Weg zu gehen – und bei Fußballfans weiß man ja sowieso nie.

»Hey du«, hörte ich auf einmal von der Seite. Oh, Gott, ist das der Moment, vor dem ich mich schon immer gefürchtet habe? Was will er von mir? Wiederholt sich nun die Mongo-Szene aus *So wie du bist* in echt? Ich schaute angestrengt weiter auf die Ampel. Wann springt sie endlich auf Grün? Ich wollte nur weg.

»Irgendwoher kenne ich dich doch.« Ich sah ihn an.

»Ich glaube nicht, dass wir uns schon mal begegnet sind …«, erwiderte ich.

»Doch, warte. Bist du nicht Schauspieler?« Mir fiel ein Stein vom Herzen und ich räusperte mich.

»Ja genau, wieso?«, fragte ich.

»Dann habe ich dich im Fernsehen gesehen«, antwortete der Hertha-Fan.

»Ja, das kann schon sein«, erwiderte ich. Inzwischen war Grün, und nebeneinander überquerten wir die Straße. Ich war noch immer angespannt.

»Ich habe echt Respekt vor dir«, sagte er, als wir die Mittelinsel erreicht hatten. »Ich bin dein Fan.« Damit hatte ich nun am allerwenigsten gerechnet.

»Vielen Dank. Ich finde es toll, dass du mich im Fernsehen gesehen hast und mich jetzt sogar auf der Straße erkennst«, bedankte ich mich bei ihm.

»Kein Problem. Na dann, mach's mal gut«, verabschiedete er sich mit einer angedeuteten Verbeugung schnell, um mit seinen Freunden die nächste Straßenbahn zu erreichen.

Der Fußballfan war nicht der Einzige, der mich nach *So wie du bist* erkannt hat. Ich habe das in Berlin ein paar Mal erlebt und auf Rügen. Und in Bayern, als ich mit meinen Eltern zu Besuch bei Freunden in Nürnberg war. An einem Abend hatten sie Freunde und Bekannte zum Grillen eingeladen.

»Ach, den kenn ich doch«, sagte eine Frau zu mir, schaute mich überrascht an und streckte mir lächelnd die Hand entgegen. »Du hast doch letztens in einem Film über ein behindertes Pärchen, das heiraten will, mitgespielt. Ein ganz toller Film, du warst großartig.«

Die positiven Reaktionen und die spontane Begeisterung machen mich schon stolz, und ich bin immer wieder überrascht, wenn sich jemand an mich erinnert.

»Der Film hat mich neugierig gemacht, und ich habe mir auch noch die Serie mit Kai Pflaume über dich und die anderen angeguckt.«

»Echt?«

»Ja, die war auch super, so natürlich, herzlich, spontan.«

Damit hatte die Frau den Nagel auf den Kopf getroffen – wobei »spontan« nicht ganz richtig ist. Der Anruf von Kai Pflaumes Produzenten im Dezember 2012 hatte mehr was von einem Überfall. Das Gesicht meiner Eltern hätte ich gern gesehen, als Fabian Tobias fragte, ob ich mir vorstellen könnte, bei einer mehrteiligen Doku über Menschen mit Downsyndrom und ihr Leben mitzumachen. Wie alle Produzenten – ob die von *Me too* oder *So wie du bist* – hatte er sich bei der Suche nach Protagonisten schon einige Monate vorher an das Theater Ramba-Zamba gewandt. Fabian Tobias besuchte mich damals auch kurz in der WG, ohne dass ich so genau begriff, worum es eigentlich ging. Und dann hörte ich erst mal lange nichts.

Als es dann tatsächlich losgehen sollte, waren meine Eltern ganz schön skeptisch. Oft genug gibt es – insbesondere in Privatsendern – Beiträge, die Menschen, egal, ob mit oder ohne Behinderung, bloßstellen. Meine Eltern wollten daher erst mal alles ganz genau wissen. Mutti hat auch eine »Richtlinie« erstellt. Darin steht, dass Fragen zu meiner Arbeit als Schauspieler und meiner Entwicklung in Ordnung sind. Privates und Intimes sind allerdings tabu. Das sagte Mutti auch Fabian Tobias. Daraufhin versicherte er gleich, ihnen läge es fern, mich und die anderen in irgendeiner Weise vorzuführen, und erzählte, worum es in der Sendereihe genau gehen sollte. Er bot an, dass Kai Pflaume, den meine Eltern nur als Entertainer kannten, persönlich das Konzept vorstellen und Näheres erzählen könne. Im Grunde gefiel Mutti das Projekt sehr gut, und sie sagte zu. Aber natürlich wollte sie ganz sichergehen und mehr erfahren.

Wenig später, am Dienstag, dem 18. Dezember, besuchten die beiden meine Eltern in Pankow. Ich war im Theater und stand am Abend in unserem Tanzstück *Jahreszeiten* auf der Bühne, konnte also nicht dabei sein. Obwohl ich natürlich ganz gespannt war, wie Kai Pflaume persönlich so ist. Er und Fabian Tobias kamen direkt vom Flughafen, von einem anderen Drehtermin. Es lag ein anstrengender Tag hinter ihnen. Trotzdem wirkten beide kein bisschen müde und erzählten ausführlich von ihrem Projekt, beantworteten geduldig alle Fragen. Kai Pflaume hatte schon seit Jahren vor, eine Serie über Menschen mit Downsyndrom zu machen, und endlich hatte er auch von der ARD grünes Licht bekommen. Die Diskussion um Pränataldiagnostik war in vollem Gange. Das Thema bewegte viele und wurde in den Medien immer wieder diskutiert. Es ist ja auch ein sehr emotionales und wichtiges Thema von riesiger Bedeutung. Es geht dabei um Leben und Tod. Mit der Blutuntersuchung können Behinderungen einfach und ungefährlich schon im Mutterleib festgestellt werden. Das erleichtert es vielen Eltern, sich gegen ein Kind mit Behinderung zu entscheiden. Kai Pflaume wollte sechs Menschen mit Downsyndrom vorstellen und damit zeigen, über wen da eigentlich debattiert wird und wie interessant diese Menschen sein können, was sie alles erreichen und wie groß ihre Lebensfreude ist. Dieser Ansatz überzeugte meine Eltern.

An diesem Abend überlegten sie gemeinsam, wie mein Leben und meine Persönlichkeit am besten gezeigt werden könnten. Als Mutti mich gleich am nächsten Morgen aus dem Bett klingelte und mir alles erzählte, war ich sofort hellwach. Da war sie also, die nächste Herausforderung. Yeah!

Der Dreh war gut, geradezu generalstabsmäßig vorbereitet. Das Team stand wohl schon in den Startlöchern, denn Kai Pflaume hatte nur in den Tagen vor Weihnachten Zeit, um mit mir in Berlin zu drehen. So kam Fabian Tobias gleich nach Muttis Anruf zum Vorgespräch in meine WG. Als Erstes bat er mich, schnell die Weihnachtsdeko in meinem Zimmer wegzuräumen, da die Serie wahrscheinlich erst im Frühjahr ausgestrahlt werden würde. Das war ganz schön viel Arbeit, ich liebe nämlich Weihnachten und hatte alles geschmückt. Auf dem Fensterbrett hatte ich einen Weihnachtsmärchenwald mit Krippe, Weihnachtsmann, Holznussknacker, Elchen und Tannenzapfen aufgebaut. Das alles stand auf einer Weihnachtsdecke, und ich musste es nun wieder in der Schublade verstauen. Auf dem Klavier lagen Tannenzweige, die wollte ich aber nicht wegnehmen. Ich sagte Fabian, dass es Tannenzweige ja das ganze Jahr über gibt und sie nicht so jahreszeitengebunden sind wie der andere Weihnachtsschmuck. Viel Zeit blieb uns nicht. Es klingelte, und vor der WG-Tür stand auch schon Kai Pflaume mit seinem Filmteam. In den Händen hielt er zwei große Tüten mit frischen Brötchen. Mit den WG-Betreuern hatte Fabian Tobias alles abgesprochen, damit sie das Einverständnis der Eltern meiner Mitbewohner für die Dreharbeiten einholen konnten. Wir waren alle total aufgedreht und kreiselten um Kai und Fabian herum. Es dauerte eine Weile, bis wir endlich am Frühstückstisch unsere Plätze gefunden hatten. Komisch, wie selbstverständlich wir da zusammensaßen. Als ob wir uns schon ewig kennen würden. Es war süß, wie Kai Pflaume Nele tröstete, die plötzlich zu weinen begann, weil ihre Oma vor kurzem gestorben war. Er umarmte sie und nannte sie »meine Prinzessin Lillifee«.

Nach dem Frühstück zeigte ich Kai mein Zimmer. Er sah sich darin um und staunte:

»Du hast ja eine riesige Büchersammlung. Und so viele Biographien. Das ist sehr ungewöhnlich. Warum sammelst du die?«, wollte er wissen.

»Ich finde es aufregend zu lesen, wie diese Menschen gelebt haben, was sie in der Politik erreichen konnten, welche Wirkung ihre Musik hatte.«

»Dann hast du bestimmt auch Lieblingskomponisten.«

»Na klar. Mozart, Beethoven, Schubert, Haydn«, zählte ich auf. »Es gibt so unendlich viele, deren Musik ich mag.«

»Und die vielen DVDs. Hast du dir die alle angeschaut?«, fragte Kai ungläubig. Ich habe wirklich eine echt große Sammlung von Filmen, die ich natürlich komplett gesehen habe. Nicht nur einmal. Bei vielen kann ich die Dialoge schon auswendig, denn es ist für mich wichtig, wie die Schauspieler ihre Rollen auffassen und wie sie sprechen. Wahrscheinlich eine Berufskrankheit, als Schauspieler achte ich auf kleinste Details.

Kai und ich haben uns lange unterhalten, aber das ist in der Doku natürlich nicht alles zu sehen. Sonst hätte es mehr als vier Teile geben müssen. Schließlich drängte die Zeit, wir mussten ja noch ins Theater fahren, weil dort Aufnahmen von der Vorstellung geplant waren. Das Theater ist nach meiner Familie das Wichtigste in meinem Leben und gehörte also unbedingt ebenfalls in die Doku. Die Kamera fing das Wesentliche ein: mich und meine Kollegen vor der Aufführung, wie wir uns fertig geschminkt umarmen, Kraft und Energie schenken. Während der Vorstellung wurde natürlich auch gefilmt. Wir spielten wie am Abend zuvor das Stück *Jahreszeiten*, das im November Premiere gehabt hatte und immer sehr gut besucht ist.

Am nächsten Tag stand ein Besuch bei Uschi auf dem Programm. Das Treffen bei ihr hatte Vati vorgeschlagen, da sie in meinem Leben eine zentrale Rolle spielt und eine Menge über mich erzählen kann. Außerdem ist sie eine kluge Frau, die sich sehr schön ausdrückt und nicht aufgeregt ist, wenn Kameras auf sie gerichtet sind.

»Kai?«, sprach ich ihn während der Fahrt zu Uschi an.

»Ja, Sebastian?«

»Ist es okay, Uschi in Ruhe zu lassen, wenn es ihr zu viel wird?«

»Aber klar, das verspreche ich dir«, versicherte mir Kai nachdrücklich.

»Ich möchte nicht, dass Fragen ihr wehtun.«

»Das kann ich nachvollziehen, und es wird nicht passieren.« Ich war beruhigt und glaubte Kai.

»Was ist eigentlich dein Lieblingssatz in *Die Unglaub-
lichen*?« Das ist ein computeranimierter Film über Su-
perhelden, die lieber ein ganz normales Leben führen
wollen. Den Film mag ich sehr, und Kai hat die Figur des
Frozone synchronisiert.

»Wo ist mein Super-Anzug?«, antwortete er wie aus
der Pistole geschossen. Ich musste lachen. Das Tolle an
Kai ist seine natürliche, lockere Art. Vor allem redete er
nicht mit einer »behindertengerechten« Sprache mit
mir. Viele Menschen denken, dass sie mit mir langsamer
reden müssten, obwohl das nicht stimmt. Oft sind sie
nur unsicher, weil sie sonst keine Menschen mit Downsyndrom kennen. Aber manche hören mit dieser Babysprache auch nicht auf, wenn ich ihnen sage, dass sie
ganz normal mit mir sprechen können. Das nervt mich
dann. Kai hat etwas sehr Verbindliches, und man glaubt
ihm sofort, dass er sich wirklich für jeden persönlich
interessiert, mit dem er zusammenarbeitet. Beispielsweise hat er Uschi zu ihrem Geburtstag angerufen und
ihr gratuliert. Wir waren damals gerade zu einem Fotoshooting in Köln. Es wurden mit allen Protagonisten der
Doku viele Bilder gemacht, um die Sendereihe damit
öffentlich zu bewerben. Kai nahm sich die Zeit, länger
mit Uschi zu sprechen. Er erinnerte sich noch gut an das
Treffen bei ihr. Es war aber auch wundervoll. Uschi erzählte von meinen Heldentaten als Kind und hatte sogar
noch ein altes Tonband mit meinen ersten »Auftritten« —
zum Beispiel mit dem Lied von Hänsel und Gretel. Da
war ich schon in meinem Metier, noch bevor jemand ah-

nen konnte, dass ich tatsächlich mal auf der Bühne oder vor der Kamera stehen würde. Als sie über die erste Zeit nach meiner Geburt sprach, merkte ich jedoch, wie sehr sie die Erinnerung schmerzte.

Ich war meiner Grande Dame sehr dankbar, dass sie sofort Feuer und Flamme gewesen war, beim Dreh mitzumachen, obwohl auch sie die schöne Weihnachtsdekoration wegräumen musste. Das war für sie besonders ärgerlich, weil sie über Tage alles mühsam arrangiert hatte. Für sie ist das sehr anstrengend, denn sie sieht leider sehr schlecht.

Das Problem mit der Weihnachtsdeko hatte Vati nicht, als wir am nächsten Tag in seinem Büro drehten. Kai und Fabian holten mich mittags von der WG ab, und wir fuhren gemeinsam mit dem Team zu einem Dienstessen. Wir sprachen über die Serie, die Kai »Lebensfreude in vier Teilen« nannte, über die anderen jungen Leute, die vorgestellt werden sollten, und über den Titel *Zeig mir Deine Welt*. Ich war sofort damit einverstanden, weil ich das sehr passend fand. Natürlich war ich bereit, allen meine Welt zu zeigen. Eine Welt, in der wir alle leben, zu der alle Menschen gehören, in der ich aber auch meinen ganz eigenen Platz habe.

Dann ging es los zu Vati. Ich klingelte unten an der Tür und meldete mich mit: »Hier ist der junge Herr Urbanski. Können Sie mich bitte reinlassen?«

»Sag doch gleich, dass der Juniorchef kommt«, schlug Kai vor, als wir Richtung Fahrstuhl gingen. Eigentlich hatte er recht, aber ich bin ja schließlich kein Ingenieur.

Vatis Mitarbeiter waren während der Aufnahmen entspannt und die Atmosphäre war locker. Das lag auch daran, dass das Team nur mit einer Schulterkamera arbeitete. Darin integriert ist das Mikro, und um das Objektiv ist ein Lichtkranz, der für ausreichend Helligkeit sorgt. Zur Sicherheit gab es noch zwei Handscheinwerfer. Anders als die große Filmcrew am Set in Wien war das Team von Kai und Fabian klein und flexibel und die, die sie filmten, wurden nicht von einem Berg an Equipment und vielen durcheinanderrennenden Menschen eingeschüchtert.

In Vatis Büro setzte ich mich an seinen Rechner und tat so, als würde ich im Internet nach etwas Bestimmtem suchen. Vati hatte eine DVD mit einer Aufzeichnung aus dem Saal der Bundespressekonferenz vom 5. Juli 2012 vorbereitet. Dabei war es um die bevorstehende Zulassung des sogenannten Praena-Tests gegangen, mit dem Schwangere herausfinden können, ob ihr Ungeborenes das Downsyndrom hat. Der damalige Behindertenbeauftragte des Bundes, Hubert Hüppe, bezeichnete den Test als »Rasterfahndung, um Behinderte auszusortieren und zu töten«. Er hatte ein Rechtsgutachten anfertigen lassen. Demnach war der Test nicht legal, weil er gegen das im Grundgesetz verankerte Benachteiligungsverbot für behinderte Menschen sowie gegen das Gendiagnostik-Gesetz verstößt.

Hubert Hüppe wollte bei der Vorstellung des Gutachtens einen »Betroffenen« dabeihaben. Wie kam er also auf mich? Richtig, über das Theater. Er kannte mich schon aus *Me too* und verschiedenen Fernsehinterviews. Begleiten sollte mich Bianca, unsere Stimm- und Gesangtrainerin bei RambaZamba. Mutti musste arbeiten. Aber sie hatte im Vorfeld alle Gespräche mit dem Büro des Bundesbehindertenbeauftragten geführt. Und wie so oft bei meinen Theater- und Filmrollen bereitete sie mich auf die Bundespressekonferenz vor: Wir sprachen ausführlich darüber, was die Aufhebung des Testverbots bedeuten und welche Auswirkungen das haben würde. Ich war ganz schön aufgeregt. In dem Saal, in dem sonst Bundeskanzlerin Angela Merkel, der Regierungssprecher Steffen Seibert und andere Politiker der Presse Rede und Antwort stehen, sollte ich meine Sichtweise auf den Test beschreiben – einen Test, der Menschen mit Behinderung schon im Mutterleib aussortiert. Menschen mit Downsyndrom bekommen leider oft nicht die Zuwendung, die sie brauchen, und werden nicht genügend und von Anfang an gefördert. Manche werden sogar als Baby weggegeben. Das ist schon schlimm genug, weil sie dann kaum eine Chance auf ein glückliches Leben haben. Durch den Test aber werden die Ungeborenen von den anderen getrennt, ausgesondert, getötet. Hier bin ich derselben Meinung wie Hubert Hüppe und finde es schrecklich, dass der Praena-Test zugelassen wurde. Ich möchte nicht wissen, wie viele Menschen wie Moritz, Nele, Jule und ich nicht das Licht der Welt erblicken, weil ihre Eltern sich gegen sie entscheiden oder Ärzte ihnen davon abraten, ein Kind mit Downsyndrom zu bekommen.

Ich wurde schon oft gefragt, ob ich mich »behindert« oder durch das Downsyndrom beeinträchtigt fühle. Und da kann ich ganz klar sagen: überhaupt nicht! Dass ich das Syndrom habe, wird mir nur dann bewusst, wenn ich meinen Schwerbehindertenausweis vorzeigen muss, zum Beispiel um eine Ermäßigung bei Eintrittsgeldern zu bekommen. Im Ausweis festgehalten ist mein Behinderungsgrad, mehr nicht. Klar ist das Downsyndrom bei Arztbesuchen mal Thema, aber es steht nicht im Vordergrund, weil es eben keine Krankheit ist, obwohl das viele denken. Ich leide nicht am Downsyndrom!

Dann gibt es noch die Termine beim Sozialamt oder sozialpsychologischen Dienst. Dort waren wir beispielsweise vor meinem Umzug in die WG. Meine Betreuungsstufe musste bestimmt werden, weil davon die Zahl der Betreuer und ihre Arbeitsweise in der WG abhing. Bei alldem geht es nicht um das Downsyndrom, sondern um Hilfen bei der Bewältigung meines Alltags. Dabei habe ich das Gefühl, in den meisten Fällen alleine klarzukommen. Manchmal brauche ich Unterstützung, wenn es um Geld geht oder um komplizierte Fragen von Behörden. Ich habe noch nie einen Menschen mit Downsyndrom getroffen, der sich »krank« oder »behindert« fühlt. An mir ist alles dran und alles drin. Man sieht mir das Syndrom kaum an. Und selbst wenn das anders wäre: Jeder in unserer Gesellschaft braucht mal Hilfe. Menschen mit Behinderung genauso wie sogenannte Normale. Bin ich jemandem mit Lese- oder Sehschwäche überlegen, kann ich ihn unterstützen. Wir sollten alle füreinander da sein. Ich bin für ein Miteinander, das alle einschließt. Egal, ob »behindert« oder nicht.

So ähnlich sagte ich es auf der Bundespressekonferenz. Ich schloss mit einem Zitat von Pablo Pineda, meinem großen Vorbild: »Wir sind, verdammt nochmal, alle Menschen.«

Danach war es vollkommen still im Saal. Ich hatte das Gefühl, es hätte der Blitz eingeschlagen. Alle Anwesenden waren wie versteinert. Ich erzählte Mutti davon, die sagte, dass Journalisten normalerweise nicht so schnell die Klappe halten. Mit meiner Aussage hatten sie wohl nicht gerechnet und waren nachdenklich geworden. In vielen Artikeln über diese Pressekonferenz wurde ich zitiert, oft gleich am Anfang. Eine Kollegin von Mutti, die auch dabei gewesen war, erzählte ihr, wie sie meine Worte beeindruckt und fast zu Tränen gerührt hätten.

Dass das Thema viele interessiert, merkt man auch daran, dass Kai Pflaume für seine Sendung mit dem Bayerischen Fernsehpreis, dem »Blauen Panther«, ausgezeichnet wurde. Wahnsinn! Wie schon bei seiner Anfrage für den Dreh im Dezember 2012 waren ich und meine Eltern von seiner Einladung, ihn nach München ins Prinzregententheater zu begleiten, völlig überrumpelt. Die Preisverleihung war für den 23. Mai 2014 angesetzt. Meine Eltern hatten mir allerdings schon lange zuvor – zu meinem Geburtstag im März – Karten für das Musical *König der Löwen* und eine Hotelübernachtung geschenkt. Die Vorstellung war am 24. Mai um 15 Uhr in Hamburg. Mutti und Vati mussten also umdisponieren.

Wir machten auf dem Weg zum Löwenkönig nun einen Umweg über München. Der Zeitplan dafür wurde genau ausgetüftelt: Freitag früh ging es von Berlin nach München, abends zur Preisverleihung, am nächsten Morgen ganz früh nach Hamburg. Ganz schön viel in so kurzer Zeit, fand ich. Aber eine Preisverleihung ist nun mal ein außergewöhnlicher Anlass.

Da war es egal, dass es ziemlich hektisch wurde. Ich brauchte für die Preisverleihung einen Smoking. Woher so schnell einen bekommen? Meine Eltern suchten im Internet, bestellten schließlich zwei Smokings und dazu passende Hemden mit unterschiedlichen Schnitten zur Auswahl. Per Express. Wie viele meiner Sachen – ich hatte mich für das Modell »James Bond« entschieden – musste alles geändert werden. Zum Glück fanden wir eine Schneiderei, die Anzug und Hemd von einem Tag auf den anderen passend machte. Für das Hemd lieh mir Vati seine goldenen Manschettenknöpfe. Eine letzte Anprobe – perfekt. Sorgfältig verstaute ich Smoking, Hemd und Schuhe im Koffer. Nichts sollte zerknautschen. In München angekommen, brachte uns ein Taxi ins Hotel, wo die anderen Protagonisten der Serie schon warteten. Wir freuten uns mächtig, dass wir uns aus so einem Anlass wiedersahen. Aufgeregt waren wir alle, und jeder erzählte, wie abenteuerlich die Suche nach der passenden Garderobe für die Gala gewesen war. Viel Zeit blieb uns nicht, denn um 18 Uhr sollten wir fix und fertig von Kai Pflaume abgeholt werden.

Bei mir ging alles drunter und drüber. »Hast du schon

im Koffer geguckt?«, fragte ich Mutti, die auf der Suche nach den goldenen Manschettenknöpfen ihre Handtasche umkrempelte.

»Ja, habe ich. Keine Ahnung, wo sie sind«, antwortete sie. Mit hastigen Bewegungen stopfte sie den auf ihrem Bett verstreuten Inhalt ihrer Handtasche zurück. Ich wurde langsam unruhig. »Dann nimmst du eben die einfachen Knöpfe, die beim Hemd dabei waren.«

»Nein, das geht gar nicht. Wenn, dann richtig.« Mutti verdrehte die Augen. »Und wenn du Vati fragst, wo er sie hat?«, schlug ich vor. Aber Vati war schon unterwegs. Es hatte sich herausgestellt, dass eine Eintrittskarte für die Preisverleihung zu wenig ausgestellt worden war. Vati musste mit dem Taxi zum Theater fahren, um ein weiteres Ticket zu besorgen. »Ruf ihn doch an. Bestimmt hat er sein Handy mit.«

Mutti griff entnervt zum Telefon. »Rainer, Sebastian und ich stehen fertig angezogen und schweißgebadet im Hotelzimmer. Wo sind deine Manschettenknöpfe?«

»Na, in meiner Waschtasche«, antwortete Vati gelassen, als wäre es selbstverständlich. Bei Mutti und mir machte sich Erleichterung breit. Jetzt musste nur noch Vati rechtzeitig zurückkommen. Er schaffte es gerade noch, als auch schon Kai Pflaume mit seiner Managerin und Fabian Tobias im Hotel eintrafen. Vor dem Hotel warteten vier schwarze VIP-Limousinen, mit denen wir alle zum Theater gefahren werden sollten. Unser Wiedersehen war toll. Ronja und Verena fielen Kai um den Hals. Auch Tom, Ottavio und ich konnten uns nicht zurückhalten. Kai machte uns allen Komplimente. Besonders natürlich Ronja, die ein schickes langes Kleid anhatte, und Verena, die mit ihrer weißen Bluse und dem Rock auch sehr hübsch aussah. Unter lautem Lachen versuchten wir zu klären, wer mit wem im Auto sitzen würde. Natürlich wollten alle bei Kai einsteigen, aber am Ende saß ich zwischen Ronja und Verena hinter Kai in der ersten der vier Limousinen. Wie große Filmstars fuhren wir direkt vor das Prinzregententheater.

Auf der geschwungenen Rampe des beeindruckenden Hauses lag ein langer roter Teppich. Dort tummelten sich Prominente aus Film und Fernsehen, Schauspieler, Moderatoren, Regisseure. Andrea Sawatzki, Diana Amft, Alexander Held, Kai Wiesinger, Michael »Bully« Herbig und – Gisela Schneeberger! Sie war auch für den »Blauen Panther« nominiert, und ich hatte gehofft, sie hier wiederzusehen. Und das hat auch wirklich geklappt. Sie war mit ihrem Sohn da, den ich schon von der Abschlussfeier der Dreharbeiten in Wien kannte.

Auf dem roten Teppich kamen wir kaum voran. Wie Perlen einer Kette aneinandergereiht, standen Journalisten, Fotografen, Kamerateams. Kai Pflaume hatte uns, seine kleine Truppe, wie Trabanten um sich geschart. Ständig wurden wir angehalten, und er musste auf Fragen antworten, kurze Interviews zu seiner Sendereihe geben und mit uns für Fotos posieren. Auf diese Weise schafften wir es erst kurz vor Beginn der Veranstaltung auf unsere Plätze. Wir saßen alle zusammen mit unseren Familien in den mittleren Reihen des Parketts. Kai und seine Frau hatten Ehrenplätze in der ersten Reihe, so dass wir ihn nicht sehen konnten. Um uns herum waren festlich gekleidete Menschen, alle in bester Stimmung. Ich hatte das Gefühl, dass sie mit den prunkvollen Kronleuchtern und den goldenen Verzierungen des Theatersaals um die Wette strahlten. Auf der Bühne wurden die Nominierungen für den Preis und Ausschnitte aus den Filmen oder Sendungen vorgestellt. Die Laudatoren verkündeten die Preisträger in den verschiedenen Kategorien und baten sie zu sich nach vorne.

Endlich war Kai an der Reihe. Er wurde von Judith Rakers, der Tagesschaumoderatorin, auf die Bühne gebeten. Wir hatten kurz zuvor ein Signal bekommen, uns aus unseren Sitzen leise herauszuschlängeln und nach unten zu gehen. Alle fünf stolperten wir aufgeregt die dunkle Treppe im Zuschauerraum hinunter. Kai und Judith Rakers nahmen uns an der Bühnenrampe in Empfang und halfen uns auf das Podest. Da standen wir nun im hellen Scheinwerferlicht, hörten, wie Kai über die Dreharbeiten und unseren Alltag erzählte, und genossen den donnernden Applaus. An einer Stelle war es auch ein Beifall für mich, denn Judith Rakers zitierte einen Satz von mir, den ich in Vatis Büro gesagt hatte. Kai hatte dort mit mir über Liebe gesprochen und wollte wissen, was sie für mich bedeutet. Meine Antwort war: »Liebe ist Wärme, die von Herzen kommt.« Ich stelle mir vor, dass ich diese Wärme noch mehr spüren werde, wenn ich irgendwann gemeinsam mit einer Partnerin oder einem Partner lebe. Darum war mir dieser Satz auch besonders wichtig. Nun wurde er sogar vor einem so großen und prominenten Publikum vorgetragen.

Ich fühlte mich großartig, geradezu überwältigt. Die Porzellanfigur des »Blauen Panthers« hatte Kai bekommen, aber gleich an uns weitergereicht. Sie wanderte zwischen uns hin und her, und wir trugen sie vorsichtig aus dem Saal. Als wir im Foyer waren, fielen wir uns gegenseitig noch einmal um den Hals, hüpften und sprangen vor Freude umher. Mutti sagte, unser Jauchzen und unseren Jubel habe man bis in den Zuschauerraum des Theaters gehört, wo das Publikum lachend und mit erneutem Beifall darauf reagiert habe. Sicher hat sie Vati in dem Moment glücklich angelächelt.

Meine Freude über die Auszeichnung war grenzenlos. Auch wenn Kai den Preis bekommen hat, haben Ronja, Verena, Anna, die leider nicht dabei sein konnte, Ottavio, Tom und ich einen riesigen Anteil daran. Mutti und Vati hatten Kai Pflaume und Fabian Tobias übrigens bei ihrem ersten Gespräch darauf aufmerksam gemacht, dass der Film *So wie du bist* im Sommer 2013 zum ersten Mal in Deutschland, in der ARD, gezeigt werden sollte. Daraus entstand die Idee, Kais Serie und den Film am selben Abend auszustrahlen. Aus dem ursprünglich geplanten Filmmittwoch im Ersten wurde also ein Themenabend. Die Quote von beidem war sensationell. Und es kommt noch besser: Als wir nach der Preisverleihung in München zusammensaßen und feierten, erfuhren wir, dass Kai für die Reihe auch noch den »Bobby« bekommen sollte.

260

Ich finde es großartig, dass die Serie so gut angekommen ist. Viele wollen einfach mehr über Menschen mit Downsyndrom erfahren. Und es macht mich sehr froh, wenn ich dabei mithelfen kann, ein Bewusstsein dafür zu schaffen, dass Anderssein keine Einschränkung ist. Ich bin ein sehr glücklicher Mensch. Und ich habe noch viel vor. Auch mit Downsyndrom – oder Behinderung, wie manche sagen.

Wie soll man aufeinander zugehen und sich aufeinander einlassen oder wissen, was der andere fühlt, wenn keiner den Mut hat, den Mund aufzumachen? Ich wünsche mir, dass auch mein Buch dazu beiträgt, dass in unserer Gesellschaft weniger aussortiert wird und Eltern von Kindern mit Downsyndrom den Mut haben, sich auf sie einzulassen. Vor allem hoffe ich, dass andere Menschen mit Downsyndrom sich genauso wenig wie ich davon abhalten lassen und nicht davon abgehalten werden, ihren Platz auf der Bühne des Lebens zu finden und sich dort zu behaupten.

Das Leben ist zwar nicht immer einfach, aber es ist viel zu schön, um sich von irgendetwas zurückhalten zu lassen.

NACHWORT

von Bettina Urbanski

Am liebsten bin ich Hamlet« – vor 36 Jahren waren wir, mein Mann und ich, unsere Familie, Lichtjahre davon entfernt, von unserem Sohn Sebastian jemals einen solchen Satz, einen solchen Anspruch an sich und sein Leben zu erwarten. Die Diagnose Downsyndrom traf uns nach seiner Geburt völlig unerwartet, und wir spürten die buchstäbliche Bedeutung des Wortes Schicksalsschlag. Was damals ein großes Unglück für uns war, ist im Laufe der Jahre zu einem großen Glück geworden. Nicht von alleine natürlich, nicht im Selbstlauf. Es hat uns allen viel Kraft und Geduld, viel Zeit und immer neue Anläufe, viel Initiative und Durchsetzungsvermögen abverlangt. Wir mussten Zweifel überwinden und viel lernen, jeden Tag neu. Auch, dass Glück nicht immer das ist, was man sich erträumt hat, dass Umwege manchmal schneller zum Ziel führen und dass es gut sein kann, Wege und Ziele auch mal in Frage zu stellen. Nur eines haben wir nicht in Frage gestellt: den Glauben an das Potential unseres Sohnes und die Möglichkeit, es zu entfalten. Wie richtig das war, erleben wir heute.

Sebastian ist ein großartiger, liebenswerter Mensch, der uns so unendlich viel zurückgibt. Er hat seinen Weg, seine Berufung gefunden und steht nun als Schauspieler auf der Bühne und vor der Kamera. Wir sind stolz auf ihn.

36 Jahre sind eine lange Zeit, in der sich vieles zum Guten verändert hat. Behinderte Menschen werden nicht mehr versteckt, sondern ernst genommen. Es gibt neue wissenschaftliche Erkenntnisse und vielfältige Methoden der Förderung sowie Hilfsangebote, mit denen die Chancen für eine positive Entwicklung behinderter Kinder ungleich größer geworden sind. Eines aber ist heute wie damals, als Sebastian auf die Welt kam, gleich geblieben – und es wird sich nicht ändern: Je früher alle Sinne eines Babys angesprochen werden, je intensiver man sich mit seinem Kind beschäftigt, seine Schwächen erkennt und versucht, sie zu beheben, umso besser wird es sich entwickeln. Das gilt zwar für alle Kinder, aber behinderte brauchen diese Zuwendung ganz besonders.

Uns war von Anfang an wichtig, mit Sebastian alles zu üben, was er nicht konnte. Nicht lockerzulassen, auch wenn manchmal der Erfolg lange auf sich warten ließ. Nicht aufzugeben und immer wieder neue Wege zu suchen, wenn wir in einer Sackgasse zu stecken schienen. Wir wollten alles Potential ausschöpfen, herausholen, was irgend geht, die Grenzen nicht akzeptieren, sondern verschieben. Schließlich sollte unser Sohn sein Leben so unabhängig und selbständig wie möglich führen können. Manches Mal stellten wir uns die Frage: Verlangen wir zu viel, überfordern wir unser Kind und machen es damit unglücklich, reißen es aus seiner eigenen Welt heraus? Wir verzweifelten, wenn nach einer Krankheit alles Gelernte verloren schien und wir wieder von vorn beginnen mussten. Manchmal war es Sebastian selbst, der merkte, was er verlernt hatte, und nun schnell wieder aufholen wollte. Dann spornte er uns an. Neugierig, wissbegierig und ein bisschen ungeduldig hatte er schon als ganz kleiner Junge immer gesagt: »Weiter!« Er konnte zwar noch kaum sprechen – aber mit diesem »Weiter!« forderte er ein neues Märchen ein, ein neues Lied oder ein neues Spiel, die wir uns für ihn ausdenken sollten. Und dieses »Weiter!« begleitet und treibt ihn an – bis heute.

DANK

Me too, So wie du bist, Zeig mir Deine Welt und mein Auftritt in der Bundespressekonferenz trugen wohl dazu bei, dass ich gefragt wurde, ob ich mir vorstellen könnte, ein Buch über mich und mein Leben zu veröffentlichen. Yeah, die nächste Herausforderung, dachte ich und sagte zu.

Ein wenig mulmig war mir aber schon bei dem Gedanken, dass fremde Menschen in mein Leben hineinschauen und ganz viel Persönliches über mich erfahren würden. Aber dann überlegte ich mir, dass das Buch eine Chance ist, anderen zu zeigen, wie viel ich erreicht habe und wie reich mein Leben ist. Und dafür bin ich sehr vielen Menschen dankbar, die immer an mich geglaubt und mir geholfen haben. Das sind zuerst meine Eltern, meine Grande Dame Uschi, meine Großtante Gerdi und mein Opa Gerhard, Oma Ilse, aber auch alle meine Freunde, die Familien Kampe und Heine, Petra und Jule Götze, Gisela Höhne, Kay Langstengel und das Theater RambaZamba, Wolfgang Murnberger, Holger Wittekindt, Kai Pflaume, meine alten Klassenlehrer Frau Röder und

Herr Paulus, meine Kinderärztin Frau Dr. Eich sowie Prof. Dr. Jürgen Reimann, der mir mein Augenlicht zurückgegeben hat. Und natürlich möchte ich auch Marion Appelt und meiner Mutter danken, die alles, was ich ihnen über mein Leben und meine Gedanken erzählt habe, für mich aufgeschrieben haben.

BILDNACHWEIS

I/II: privat
III: Foto: Rob de Vrij
IV: Foto: Getty Images
V/VI: privat
VII oben: © axentis, mit freundlicher Genehmigung des
               Büros des Beauftragten der Bundesregierung
               für die Belange behinderter Menschen
VII unten: privat
VIII: Foto: Jörg Steinmetz

Voller magischer Momente für Leser

Buchbewertungen und Buchtipps von leidenschaftlichen
Lesern, täglich neue Aktionen und inspirierende Gespräche mit
Autoren und anderen Buchfreunden machen Lovelybooks.de
zum größten Treffpunkt für Leser im Internet.

LOVELYBOOKS.de
weil wir gute Bücher lieben

fi 444 002 / 1e